DIE HARMONIE IM TEAM

Max Lüscher

DIE HARMONIE
IM TEAM

Kommunikation
durch Umkehr-Denken

ECON Verlag
Düsseldorf·Wien·New York

CIP-Titelaufnahme der Deutschen Bibliothek

Lüscher, Max:
Die Harmonie im Team: Kommunikation durch Umkehr-Denken/Max Lüscher. –
Düsseldorf; Wien; New York: ECON Verl., 1988
ISBN 3-430-16228-9

Schutzumschlag: Edgar Küng, Luzern
Gesetzt aus der Times der Berthold AG
Satz: NZZ Fretz AG, Zürich
Papier: Papierfabrik Schleipen GmbH, Bad Dürkheim
Druck und Bindearbeiten: Bercker Graphischer Betrieb, Kevelaer
Printed in West Germany
ISBN 3-430-16228-9

Inhaltsverzeichnis

6

8

Zum Inhalt dieser Ausführungen

1. Zuerst werden die psychischen Strukturen erläutert, die das persönliche Verhalten motivieren.

2. Das Umkehr-Denken wird als Mittel zum kommunikativen Verstehen dargestellt.

3. Die vier Hauptgründe der Demotivation werden erläutert. Dann werden die Maßnahmen zur Beseitigung der Demotivation und zur harmonischen Kommunikation im Team dargestellt.

4. Die Organisation des Unternehmens wird als ganzheitliches Regulationssystem mit vier Untersystemen dargestellt. Damit wird es möglich, bestehende Unternehmensstrukturen und Managementmethoden auf ihre Zweckmäßigkeit oder ihre Mängel zu überprüfen und eine harmonische Ausgewogenheit anzustreben.

5. Es wird gezeigt, wie die Motivationsstruktur des Mitarbeiters und die Struktur des Unternehmens in Übereinstimmung gebracht werden können: »Der richtige Mensch an den richtigen Platz.«

Es ist betrüblich, wenn wir
die Menschen nicht kennen.
Schau, was einer tut
bedenke, warum er es tut
und forsche, woran er Freude hat.

Konfuzius

1. Teil: Information, Verständigung und Kommunikation

Die Information

Vor kurzem hat ein Hochschullehrer in einer Publikation über modernes Management folgendes Beispiel als Muster für das beschrieben, was er für Kommunikation hält:»Im Zweiten Weltkrieg hat der General alle höheren Offiziere zu einem „Rapport" versammelt und ihnen den unbedingten Wehrwillen eingeschärft. Danach kehrten die Offiziere zu ihren Einheiten zurück.« Eine solche Ansprache ist keine Kommunikation. Sie ist nicht einmal eine gegenseitige Verständigung, sondern lediglich eine Information.
Eine Information ist nur eine Mitteilung. Es ist nicht selbstverständlich, daß der Angesprochene die Information akzeptiert.

Die Verständigung

Es gibt Mitarbeiter, die Informationen ignorieren können mit der berechtigten Begründung, daß die bloße Information noch nicht ihr Einverständnis voraussetzt. Erst wenn der Angesprochene dazu Stellung nimmt, kann es zu einer gegenseitigen Verständigung kommen. Der Respekt vor dem anderen setzt voraus, daß der Betroffene seine Meinung vertreten kann und daß er weiß, daß er dazu aufgefordert ist, wenn er eine andere Ansicht hat.

Im Gegensatz zur bloßen Information ist die gegenseitige Verständigung verpflichtend: »Welcher Termin paßt Ihnen?« – »Gut, abgemacht.«

Die Kommunikation

Die Kommunikation ist mehr als ein gegenseitiger Informationsaustausch und mehr als eine gegenseitige Verständigung. Bei der Kommunikation versteht man mehr als die Worte und die Meinung des anderen.
Bei einer echten Kommunikation versteht man die Beweggründe des anderen. Man erkennt seine Motive. Die Motivation hat oft emotionale Gründe.
Diese Gründe aufzudecken und sie systematisch einzuordnen, damit wir sie im täglichen Umgang erkennen und berücksichtigen können, ist der Zweck der folgenden Ausführungen.
Bevor wir die Motivationen und die Demotivationen im einzelnen und in ihrem Zusammenhang kennenlernen, sollen ein paar Beispiele zeigen, wie das kommunikative Mißverstehen zustande kommt.

Die nonverbale Kommunikation

Die Kommunikation vollzieht sich häufig nicht durch die Worte selbst, sondern meist durch die Betonung. Der kurze Satz: »Glauben Sie, daß das wahr ist?« hat vier verschiedene kommunikative Bedeutungen, je nachdem, ob man »glauben«, »Sie«, »das« oder »wahr« betont. In Seminaren mit Teilnehmern von Berufsgruppen, die den Umgang mit Menschen beherrschen müssen (Politiker, Werbeleute), hat sich gezeigt, daß sie den Unterschied mit Leichtigkeit heraushören. Technikern und solchen Berufstätigen, die gewohnt sind, autoritär Anordnungen zu treffen, fiel es auffallend schwer.

Oft stärker als durch Worte, die absichtlich irreführend sein können, geschieht die kommunikative Aussage durch die Art des Blickes, ob er offen und direkt, ob er verschämt von unten herauf, überheblich von oben herab oder mißtrauisch von der Seite erfolgt. Aus Unsicherheit schauen manche verlegen nach unten oder oben, wie es im Lift oft geschieht. Ebenso sprechend ist die Körperhaltung, die man aber nicht nach einem angelernten Klischee deuten darf. Die »Körpersprache« ist nicht in erster Linie eine Einstellung dem anderen gegenüber, sondern gegenüber sich selbst. Wenn sie nicht eine absichtlich angelernte Pose ist, wie vielfach bei Politikern, dann zeigt die Körperhaltung nur, wie sich der Betreffende selbst fühlt. Die Körperhaltung verrät das Selbstgefühl. Was werbewirksam als »Körpersprache« bezeichnet wird, ist daher genaugenommen keine »Sprache« für den anderen, sondern sie drückt nur den eigenen Zustand aus. Diesen Zustand des anderen zu verstehen, das ist der Zweck der emotionalen Kommunikation.

Ebenso aufschlußreich sind die Körperbewegung und die Körperberührung. Das Anfassen des anderen und die Art des Anfassens ist eine subtile, emotionale Kommunikation. Wer selbst bei innig herzlicher Zuneigung nicht wagt, den anderen zu berühren, zerstört die Brücke, über die er gehen möchte. So entstehen nicht nur verpaßte Gelegenheiten, sondern kommunikative Versager. Besonders bei einer sich anbahnenden Liebesbeziehung kann sich der andere enttäuscht zurückziehen, weil er von der Gehemmtheit, von der fehlenden Selbstsicherheit und darum vom »Mangel an Persönlichkeit« enttäuscht ist. Wenn aus Scheu die angemessene Körperberührung fehlt, wird die Kommunikation gebremst. Wenn der Körperkontakt aber als Schulterklopfen eines gönnerhaft Wohlgefälligen oder wenn er als angelernte, heuchlerische Pose angewendet wird, dann erzeugt er Widerwillen und Verachtung.

Kommunikatives Verstehen und Mißverstehen

Kommunikatives Verstehen erfordert, daß man sich mit wacher Aufmerksamkeit und ohne Vorurteil, also aufgeschlossen und unbefangen, auf den anderen einstellt. So wird es möglich, nicht nur zu hören, was der andere sagt, sondern aus dem Gesamteindruck auch zu spüren, warum er es sagt und was seine Motive sind. Wer die Motive nicht versteht oder sie gar mißversteht, scheitert und hat Mißerfolg.

Wenn eine junge Frau zu ihrem Freund sagt: »Ich denke, ich gehe jetzt nach Hause«, dann muß er spüren, ob sie als Antwort hören möchte: »Kannst du nicht noch hierbleiben?« Nimmt er sie statt dessen beim Wort: »Gut, dann also auf Wiedersehen«, so kann sie das als beleidigenden Hinauswurf auffassen. Sagt sie aus diesem Grunde: »Ich hasse dich«, kann er ihr beleidigt vorwerfen: »Deine schlechte Laune geht mir auf die Nerven.« Aber damit hat er auch noch die Motivation der Haßgefühle mißverstanden. Sie meinte nämlich: »Ich hasse es, wenn du nicht zeigst, daß du mich liebhast und mich endlich in die Arme nimmst.« Jetzt aber stehen sich beide beleidigt, verletzt und enttäuscht gegenüber. Eine Kluft hat sich zwischen beiden aufgetan. Um sie zu überbrücken, muß das Verständnis für die Motivation entwickelt werden.

Kommunikationsversager kommen nicht nur in der Partnerbeziehung, sondern auch im Eltern-Kind-Verhältnis und in der Mitarbeiterbeziehung vor. Jede »gespannte Beziehung« ist ein Kommunikationsversagen.

Die »rein sachliche« Haltung

Wer sich nur sachlich verhält, ist unrealistisch; denn jede menschliche Beziehung ist zugleich auch eine Gefühlsbeziehung. Man hat immer ein Gefühl, wer der andere sei.

Die Vernachlässigung der emotionalen Kommunikation ist auch eine kommunikative Haltung, aber eine negative. Ein Partner oder Mitarbeiter, besonders ein Vorgesetzter, der sein Wohlwollen nicht durch ein Zeichen der Zuwendung kundtut, verhält sich nicht neutral, sondern nimmt eine negative, ignorierende und zurückweisende Haltung ein. Jede menschliche Begegnung, auch wenn sie aus rein sachlichen Gründen geschieht, ist immer zugleich eine kommunikative Begegnung. Wer den emotionalen Anteil nicht beachtet, wer glaubt, eine menschliche Begegnung könne sich »rein sachlich« abspielen, der irrt. Die nüchtern sachliche Haltung ist nicht direkt verletzend; sie ist nicht aggressiv negativ; aber sie ist demotivierend.

Das demotivierende Lob

Demotivierend wirkt sich aber auch jeder Versuch aus, den anderen aus Eigennutz mit Lob zu gängeln. Lobt ein Vorgesetzter:»Ich wüßte nicht, wer in unserem Betrieb diese Aufgabe so gut hätte lösen können

wie Sie«, dann will er den Angestellten dazu motivieren, sich weiterhin zu besonderen Leistungen anzustrengen. Durchschaut der Betroffene diese Absicht, dann kann er das Lob als demütigende Rattenfängerei empfinden und deshalb demotiviert werden. Jeder spürt, daß Schmeichelei eigennützig ist. Darum erzeugt sie zumindest eine Befremdung, oft sogar eine Verachtung.
Selbstbewußte Frauen verachten schmeichlerische Männer. Selbstbewußte Männer lassen sich von gefällig bewundernden Frauen nicht beeindrucken.

Das täuschende Lob

Es gibt neben dem eigennützigen, heuchlerischen Lob, das als plumper Motivationsversuch leicht zu durchschauen ist, ein anderes unechtes Lob, auf das man leichter hereinfällt. Es ist das täuschende Lob des Neiders.
Der Neider weiß, daß er die anderen und ihre Leistungen dauernd herabsetzt. Er weiß, daß er allmählich unglaubhaft wird, weil man von ihm nichts als Miesmacherei zu erwarten hat. Halb unbewußt, halb absichtlich will er dieses schlechte Bild korrigieren. Er gibt Gegensteuer. Hin und wieder, besonders wenn er sich dabei selbst in ein gutes Licht setzen kann, spricht er eine betonte Anerkennung aus: »Mein Freund, Professor X, hat darüber ein ganz

ausgezeichnetes Buch geschrieben.« Mit seinem Lob will er sich und den anderen vortäuschen, daß er gerecht urteile und kein Neider sei. Weil er so selten Anerkennung zollt, läßt man sich leicht täuschen. Man merkt nicht, daß einen der Miesmacher diesmal nur zur eigenen Selbstrechtfertigung mißbraucht und gelobt hat.

Die Rolle als Gängelband

Wer eine bestimmte Rolle spielen will, fällt auf jedes Lob herein, das dieser Rolle schmeichelt. Da die Mehrzahl der Menschen eine oder mehrere Rollen spielen, sind sie auf Schmeichelei anfällig: »Fabelhaft, wie Du aussiehst«; »Glänzend, wie Sie das formuliert haben«; »Faszinierend, was Ihnen da eingefallen ist«; »Einmalig, wie Sie das gemacht haben!« Dazu gehören auch die modernen Reizwörter wie »toll«, »wahnsinnig«, »unheimlich« usw.

Wer intuitiv spürt, auf welche Rolle der andere anspricht, ob er elitär oder populär, ob er mächtig oder beliebt, ob er gesellig oder prominent sein möchte, der kann das Motivationsspiel mit den entsprechenden Reizwörtern in Gang setzen. Es bleibt aber ein unechtes und meist nur kurz wirksames Spiel.

Die echte Motivation

Echte Motivation hingegen ist kein kurzfristiger Verführungstrick, sondern die Förderung der Fähigkeiten des anderen. Echte Motivation setzt voraus, daß man den anderen kommunikativ versteht und ihm den Weg zur selbstmotivierten Leistung öffnet. Sobald er ein ihm sinnvoll erscheinendes Ziel erreichen will, hat die Selbstmotivation eingesetzt. Mit den ersten Erfolgen steigert sich die Begeisterung. Die Bahn der echten Selbstverwirklichung ist gefunden. Jetzt ist das Lob der anderen nur noch eine äußere Bestätigung.

Die scheinbare Beleidigung

Das folgende Beispiel wird den meisten als freche Beleidigung erscheinen. Sobald wir aber das Motiv verstehen, tritt ein heilsames Erstaunen ein.

Der Personalchef eines bekannten Unternehmens kam gerade dazu, als einige Mitarbeiterinnen davon sprachen, daß ihre Kollegin schon seit vier Wochen im Krankenhaus liege. Besorgt wollte er wissen, wer sie bereits besucht habe. Niemand hatte sich dazu die Zeit genommen.

Während dieses Gesprächs kam der Abteilungsleiter zufällig herein. Der Personalchef fragte ihn, ob wenigstens er seine Angestellte besucht habe. »Dazu ha-

be ich keine Zeit«, war die barsche Antwort, worauf
er in seinem Büro verschwand. Der Personalchef
folgte ihm nach. Er versuchte ihn zu überzeugen, daß
der Krankenbesuch aus menschlichen Gründen un-
erläßlich sei. Statt einer Antwort stand der Abteilungsleiter auf und sagte:»Ich geh' jetzt einen Kaffee
trinken.« Er verschwand und ließ den Personalchef
sitzen.
Daß der Abteilungsleiter ein ehrgeiziger Perfektionist und dabei recht eigenwillig ist, war dem Personalchef wohlbekannt, aber dieses Benehmen fand er
dennoch rüpelhaft und verletzend.
Monate später versuchte er, mit demselben Abteilungsleiter in einer anderen Angelegenheit zu einer
Verständigung zu kommen. Aber der Abteilungsleiter entgegnete ihm:»Erinnern Sie sich an den 29. Ju-
li?« »Nein, warum?« fragte der Personalchef erstaunt.»An dem Tag haben Sie mir vorgeworfen, daß
ich die Angestellte nicht im Krankenhaus besucht
habe«, gab der Abteilungsleiter gekränkt zurück.
Er hatte den gutgemeinten Hinweis als Vorwurf und
Demütigung empfunden. Davon hatte der Personalchef keine Ahnung.
Was sich zwischen dem Personalchef und dem Abteilungsleiter als Konflikt abgespielt hat, wiederholt
sich ähnlich in zahllosen Mitarbeiter- und Partnerbe-
ziehungen. Eine Frau kann sich respektlos behandelt
und beleidigt fühlen, weil ihr der Partner nicht in den
Mantel geholfen hat oder ihr an der Türe nicht den

Vortritt ließ oder ihr beim Einsteigen die Autotüre
nicht aufgehalten hat. Ein Mann kann sich zurückgesetzt fühlen, wenn seine Freundin später kommt, als
er erwartet hat.
Mitarbeiter, die für ihre Bemühungen nicht gelobt
werden, reagieren oft sauer, und wenn ihre Vorschläge nicht aufgegriffen werden, können sie enttäuscht
sein und ihr berufliches Engagement aufgeben.
Es lohnt sich nicht, eine endlose Liste darüber aufzustellen, wann sich Menschen zurückgesetzt, abgewertet und beleidigt fühlen. Aber das Warum wollen
wir verstehen, und zwar gründlich. Warum ist ein
normales Selbstgefühl plötzlich gestört? Warum un-
terwerten oder überwerten sich die Menschen?

Die Störung
der vier normalen Selbstgefühle

Wie sich ein Mensch selbst fühlt, heißt: Selbstgefühl.
Es gibt vier normale Selbstgefühle:

>   die Selbstachtung
>   das Selbstvertrauen
>   die Zufriedenheit
>   die innere Freiheit

(Die Begründung und ausführliche Erläuterung der
vier normalen Selbstgefühle enthält das Buch des
Autors: »Das Harmoniegesetz in uns; ein neuer Weg

zu innerem Gleichgewicht und sinnerfülltem Leben«, ECON Verlag.)

Jedes der vier normalen Selbstgefühle kann gestört sein. Statistische Ergebnisse zeigen, daß zwei Drittel der Menschen in unserer Zivilisation unter Störungen von einem oder zwei dieser Selbstgefühle leiden. Das hat oft psychosomatische Beschwerden zur Folge. Dazu gehören auch Kreislaufkrankheiten und Herzinfarkt.

Das gestörte Selbstgefühl entsteht durch eine falsche Selbstbewertung. Sie ist eine Überwertung oder Unterwertung von sich selbst.

Gegenstände können bewertet werden. Gold ist mehr wert als Eisen. Auch Leistungen darf man bewerten: Diese war besser oder wirksamer als die andere. *Sich selbst zu bewerten ist aber grundsätzlich falsch.* Unter einem religiösen Aspekt betrachtet, bedeutet das: »Vor Gott sind alle Menschen gleich.«

Der harmonische Mensch ist bescheiden, einfach und darum aufgeschlossen und herzlich. Sein innerer Kompaß ist die Selbstachtung. Er vermeidet alles, was sie zerstören könnte. Er lebt in der Überzeugung: »Was hülfe es dem Menschen, wenn er die ganze Welt gewönne und doch Schaden nähme an seiner Seele.«

Wer gegen seine Überzeugung handelt, beleidigt seine Selbstachtung. Wer es oft tut, lebt in einer ständigen Selbstbeleidigung. Das chronische Sich-selbst-Beleidigen ist der Grund und Nährboden dafür, daß jeder harmlose und belanglose äußere Anlaß als Beleidigung aufgefaßt wird. Das Beleidigtsein äußert sich als Empfindlichkeit, Verletzlichkeit und kann zu Trotz oder Aggressionen führen.

Weil das Beleidigtsein so häufig vorkommt, wollen wir uns mit den Gründen vertraut machen. Die Ursache ist immer dieselbe: Man handelt gegen die ehrliche Überzeugung und beleidigt damit die Selbstachtung.

Es gibt zwei Wege zur Selbstbeleidigung. Beide zerstören die Selbstachtung und sind der Grund, weshalb man sich von anderen beleidigt fühlt. Der erste ist direkt und daher leicht zu verstehen. Er ist das Beleidigtsein des bösartigen Menschen.

Die zweite Selbstbeleidigung geschieht auf einem glorifizierten Umweg. Es ist das Beleidigtsein des profitgierigen Idealisten.

Das Beleidigtsein des Bösartigen

Es ist leicht einzusehen, daß Menschen, die Böses tun, ihre Selbstachtung zerstören.

Aber auch diejenigen, die sich alltäglich durch Lügen und unwahre Ausreden, durch ein profitgieriges Ausnützen der anderen durchs Leben schlängeln, haben ein deutliches Wissen über ihr schlechtes Tun.

Daher haben sie ein schlechtes Gewissen, selbst wenn sie es sich nicht eingestehen.

Mit Empörung verachten sie jeden anderen, der so handelt wie sie. Weil sie aber genauso handeln, können sie sich selbst auch nicht achten. Auf diese Weise beleidigen sie ständig ihre Selbstachtung. Die chronische Selbstbeleidigung bewirkt, daß ein harmloser äußerer Anlaß als Beleidigung aufgefaßt wird.

Die auffällige Empfindlichkeit ist ein Maß, an dem die heimliche Selbstbeleidigung und Selbstverachtung abgelesen werden können.

Das Beleidigtsein des Profit-Idealisten

Der Profitidealist hält seine Wünsche und Ansprüche für Ideale. Er wünscht sich einen idealen Liebespartner. Ein anderes Ideal ist sein beruflicher Erfolg oder die Karriere, und er findet es ideal, das zu besitzen, was er sich wünscht.

Echte Ideale allerdings sind das Gegenteil von derartigen Profitidealen. *Echte Ideale wie Aufgeschlossenheit, Aufrichtigkeit, Gerechtigkeit, Verantwortung und Wohlwollen sind Richtlinien, um in verschiedenen Situationen richtig zu handeln.*

Warum sind Menschen, die keineswegs bösartig sind, sondern sich sogar für Idealisten halten, dennoch rasch verletzt und beleidigt?

28

Ein erstes Beispiel, bei dem das Macht- und Geltungsbedürfnis die Hauptrolle spielt, und ein zweites, bei dem es um die »große Liebe« geht, sollen die Zusammenhänge verständlich machen.

Ein Hitlerjunge, der sich für die sogenannten Ideale des Nationalsozialismus begeisterte oder Heldentaten vollbringen wollte, konnte sich dadurch zur Geltung bringen.

Wer ein Ideal verkörpern will – ein gesellschaftliches, ein sexuell-moralisches oder politisches –, idealisiert sich, um Geltung zu erlangen. Er wertet sich mittels des Ideals auf. Es macht ihn stolz. Im wahren Sinne des Wortes »bildet er sich etwas darauf ein«, zu einer renommierten Firma zu gehören, Club- oder Adelsmitglied, Akademiker, Direktor oder einfach der Dickste oder Älteste zu sein, oder er ist auf seine moralistische Verklemmtheit stolz. Auf was auch immer man sich etwas einbildet und womit auch immer man sich idealisiert, dem Ideal gegenüber ist man stets weniger wert. Denn das Selbstgefühl spaltet sich in ein Ideal-Ich einerseits und ein minderwertiges Ich andererseits.

Der Hitlerjunge sowie der keusche Mönch und jeder Ehrgeizling eifern einem Ideal nach, das immer höherrückt und dem sie deshalb immer unterlegen bleiben. Die unbefriedigende Kluft stachelt sie zwar an, das Ziel zu erreichen, doch eilt ein neues Ideal dem Ziel sogleich voraus. Der kleine Held will ein großer werden, der Mönch möchte auch noch seine unkeuschen Gedanken kastrieren, die Zwergprominenz ist süchtig, mit noch größeren Banalitäten in der Klatschspalte genannt zu werden. Der Direktor will Generaldirektor und der Präsident möchte 1. Vorsitzender des Präsidentenvereins werden. Profitidealisten sind unzufrieden, weil sie unersättlich sind.

Sie haben neben ihrem dünkelhaften Stolz und der arroganten Selbstherrlichkeit zugleich auch ein chronisches Minderwertigkeitsgefühl, weil sie nicht in der Gegenwart, sondern in der Vorstellung leben, daß sie künftig mehr, größer, wichtiger und berühmter sein müssen.

Man muß es klar sehen: Das Minderwertigkeitsgefühl des Profitidealisten entsteht durch das chronische Sich-selbst-Beleidigen. Das zerstört die Selbstachtung.

Wenn die Selbstachtung schwach ist, kann sich keine stabile Selbstsicherheit entwickeln. Die Beziehung zu anderen wird dadurch erschwert. Der Profitidealist spürt seine soziale Isoliertheit trotz seiner Kontaktsucht. Er fühlt auch eine deprimierende Sinnlosigkeit trotz Streß und Wichtigtuerei. Wichtigtuerei und Streß dienen zur Ablenkung, um die katastrophale Einsicht nicht aufkommen zu lassen: Ich bin zeitlebens Illusionen nachgejagt und habe nie wirklich gelebt. Diese erschütternde Erkenntnis tritt dann ein, wenn die Illusion offensichtlich zusammenbricht.

Als die Jungnazis erkennen mußten, daß sie sich korrupten Verführern geopfert hatten, wurde ihr Stolz beleidigt. Das heimliche Minderwertigkeitsgefühl, das bisher verborgene Schuldgefühl wurde zum Hauptthema, zur sogenannten »Kollektivschuld«. (»Kollektivschuld« gibt es natürlich nur als Ausrede. Wirklich schuldig kann man nur persönlich sein.)

Dumm-schlaue Manager züchten den Profitidealismus in ihrem Unternehmen. Sie meinen, daß rivalisierende Ehrgeizlinge den Erfolg fördern. Sie erkennen nicht, daß deren chronisches Minderwertigkeitsgefühl sich als häufiges Beleidigtsein, als Neid und Mißgunst auswirkt. Damit wird aber das Fundament des langfristigen Erfolges, die Begeisterung und die gute Kommunikation zerstört.

Auch die »ideale Liebe« gehört zu den Wunsch- und Profitidealen. Auch sie erzeugt eine Selbstbeleidigung, die sich als Beleidigtsein und Empfindlichkeit gegenüber dem Liebespartner äußert.

Daß man sich Vorstellungen macht, wie der »ideale Liebespartner« sein soll, ist erbaulich und vielleicht auch nicht nutzlos. Aber das Malheur beginnt, wenn man den Liebespartner gefunden hat und ihn idealisiert. »Liebe macht blind« bedeutet, man sieht vor lauter idealisierten Illusionen den wirklichen Menschen nicht mehr. Schlimmer noch, der Profitidealist will die Wirklichkeit nicht sehen, damit die Illusion weiterexistieren kann: Der Mann ist stolz, daß die attraktive Frau seine Frau ist und damit sein Ich aufwertet. Die Frau ist stolz, daß dieser imponierende (intelligente, reiche, prominente) Mann ihr Mann ist und damit ihr Ich aufwertet.

Je höher man den Sockel baut, auf den man den Partner stellt, je mehr man ihn idealisiert, desto mehr glaubt man, davon selbst zu profitieren. Das Profitideal dient als Pumpe, um das Ich aufzublasen. Aber je mehr das Ich idealisiert wird, desto weniger entspricht man ihm in Wirklichkeit.

Wer seine Selbstachtung am Idealbild mißt, stellt sich in Frage. Er kritisiert sich und hält sich für ungenügend. Er wertet sich ab. Die Selbstabwertung äußert sich als Selbstunsicherheit, als Selbstzweifel oder sogar als Minderwertigkeitsgefühl.

Selbst wenn diese Gefühle nicht bewußt werden, bereitet die Selbstabwertung auch in einer Liebesbeziehung den Nährboden für das Beleidigtsein, für die Überempfindlichkeit und leichte Verletzbarkeit. Es ist verständlich, daß bei einer ständigen Selbstabwertung, bei einem chronischen Sich-selbst-Beleidigen jeder harmlose äußere Anlaß als Beleidigung aufgefaßt wird.

Die 4 Exzesse des Beleidigtseins

Wer sich beleidigt fühlt, dem ist es fast unmöglich, einzusehen und sich einzugestehen, daß er den

Grund dazu selbst geschaffen hat. Er hat vorher gegen seine ehrliche Überzeugung gehandelt und damit seine Selbstachtung beleidigt:
Er hat andere aus eigennützigem Profitdenken entweder mit Nachgiebigkeit verwöhnt oder ausgenutzt.

Warum wird diese Verletzung der Selbstachtung, die Selbstbeleidigung so selten wahrgenommen? Warum wird sie erst bewußt, wenn sie sich in einem äußeren Anlaß spiegelt, erst dann, wenn man sich von einem anderen beleidigt fühlt?

Das Beleidigtsein ist ein quälender, unerträglicher Zustand. Wie es das Wort be-leidigen deutlich sagt, wird dem Betroffenen Leid zugefügt.
Wer gegen seine ehrliche Überzeugung handelt und dadurch seine Selbstachtung beleidigt, leidet unter dem Verlust der Selbstachtung. Es ist ihm peinlich. Er schämt sich. Er hat Schuldgefühle und ein schlechtes Gewissen. Oft wird es nur als Unbehagen oder Unzufriedenheit empfunden. Dennoch ist es quälend und unerträglich. Darum weichen die meisten der Selbstbeleidigung und dem schlechten Gewissen blitzschnell aus, indem sie den Spieß umdrehen. *Sie bilden sich ein, nicht sie selbst, sondern der andere würde sie beleidigen.* Geradezu süchtig suchen sie nach Gründen oder provozieren Anlässe und Situationen, um sich beleidigt fühlen zu können. Mit an den Haaren herbeigezogenen Argumenten werfen sie dem anderen vor, er sei nicht aufmerksam

oder nicht genügend rücksichtsvoll. Warum tun sie es?

Um den gegen sich gerichteten Spieß umdrehen zu können. Um das unerträgliche Leid der Selbstbeleidigung abzuschieben. Um nicht sich, sondern den anderen zu beschuldigen. Um ihn statt sich zu kritisieren oder lächerlich zu finden. Um den anderen statt sich selbst zu verachten.

Der umgedrehte Spieß kann in 4 verschiedene Richtungen stoßen. Wird die unerträgliche Beleidigung umgedreht, entsteht Aggression
> oder Trotz
> oder Ignorieren
> oder Selbstbedauern.

Die Selbstbeleidigung erzeugt einen unerträglichen Druck. Er entlädt sich mit explosiver Wucht als *Aggression*. Sie tritt als Vorwurf, als Spott, als Beschimpfung oder als Gewalt auf.

Wird die unerträgliche Selbstbeleidigung aber mit Hilfe des Stolzes unterdrückt und verleugnet, dann entsteht *Trotz*. Statt der explosiven Wucht entsteht eine sture Hartnäckigkeit.

Ein dritter Weg, um dem unerträglichen Beleidigtsein auszuweichen, ist die Flucht. Die Ausflüchte lauten: »Mir ist das egal«, »Der ist für mich Luft«, oder »Der kann mich gern haben.« Man entflieht dem Beleidigtsein durch *Ignorieren*.

Jedes Beleidigtsein kann aber auch als Leid empfunden werden. Diese Art Leid ist Selbstmitleid. Beim Selbstmitleid bedauert und bewundert man sich heimlich in der Rolle des Leidenden. Jammernd oder weinend kostet man das *Selbstbedauern* aus.

Jede Selbstüberwertung hat eine Selbstunterwertung zur Folge, und zwar unmittelbar und in jedem Fall. Die Unterwertung fällt nur deshalb nicht auf, weil sie in diesem Augenblick meist unbewußt bleibt oder wenigstens verheimlicht oder verleugnet wird.
Wer sich einbildet: »Ich bin der Beste, der Klügste oder der Schönste oder Sympathischste«, der hegt wenigstens heimlich Zweifel, ob seine idealisierte Selbstbewertung wirklich stimmt und ob die anderen das auch glauben.
Für den umgekehrten Fall gilt alles in gleicher Weise: Wer sich unterwertet, wer gehemmt ist, wer sich nicht intelligent oder schön genug vorkommt, mißt sich an dem idealisierten Wunschbild, das er sein möchte. Das Idealbild sein zu wollen ist eine Selbstüberwertung. Sie ist irreal und eingebildet.

Zwei Einsichten sind also nötig, um das Motiv des anderen zu verstehen:

1. Selbstüber- und -unterwertungen sind immer eingebildet und irreal.
2. Selbstüber- und -unterwertungen sind gegenseitig voneinander abhängig. Sie bestehen stets gleichzei-

tig. Meist ist für längere Zeit die eine Seite bewußt, und die andere bleibt unbewußt, oder sie wird verheimlicht und verleugnet.

Wer das versteht, wird nicht überrascht sein, wenn die eine Haltung plötzlich in die andere umschlägt.

Was war nun das Motiv des Abteilungsleiters?
Weil er ein ehrgeiziger Perfektionist ist, schafft er sich ständig Streß. Darum fand er auch keine Zeit für den Krankenbesuch. Aber gerade diese Vernachlässigung machte er sich zum Vorwurf. Als ihm der Personalchef ins Büro folgte, fühlte er sich wie ein gejagter Schuldiger. Sein Versäumnis war ihm peinlich. Weil er so von sich selbst dachte, empfand er den Hinweis des Personalchefs als demütigenden Vorwurf und als Blamage. Er fühlte sich in eine unerträgliche Enge getrieben. Es gab nur noch eines: Flucht. »Ich geh' jetzt einen Kaffee trinken.« Das war nicht beleidigend gemeint. Das war Flucht aus Hilflosigkeit.

Warum? Die Frage nach dem Motiv

Jetzt sind wir in der Lage, die psychologische Frage »Warum?« zu klären. Was ging im Abteilungsleiter vor? Was war sein Motiv?
In seiner Wohngemeinde gehört er zur politischen Prominenz. Er ist Abteilungsleiter in einem renom-

mierten Unternehmen. Als Perfektionist ist er stolz und fühlt sich den Kollegen überlegen.

Das sind alles Gründe, um dem menschlichen Kapitalfehler zu verfallen: sich zu überwerten. Wer sich überwertet – wir wissen es schon –, produziert gleichzeitig die Angst, seinem Idealbild nicht zu genügen. Deshalb hat er heimlich oder unbewußt Selbstzweifel und Angst, sich zu blamieren.

Schuldgefühle und Angst vor Blamage: das war der Grund, das war das Motiv für das überhebliche Verhalten.

Weil wir die psychologischen Zusammenhänge systematisch verstehen wollen, müssen wir uns fragen, welches der vier normalen Selbstgefühle hier gestört ist. Was stimmt nicht, wenn sich einer teils abwertet und sich teils überheblich verhält?

Die Selbstachtung ist gestört. Sie ist in die beiden Pole der Selbstbewertung gespalten. Wer seiner Überzeugung entgegenhandelt – in dem Falle: den Krankenbesuch vernachlässigt –, stört seine Selbstachtung. Er wertet sich ab. Das ist der erste Fehler.

Der zweite Fehler ist die Ausrede: »Ich habe keine Zeit.« Damit will er sich vor sich selbst und vor anderen entschuldigen. Daß er dem Personalchef davonläuft: »Ich geh' jetzt einen Kaffee trinken«, ist, wie wir wissen, die Flucht vor seinem Schuldgefühl, vor seiner Selbstabwertung.

Auf den Personalchef wirkt das arrogant. Und tatsächlich, es ist überheblich, wenn man den anderen mit Ausflüchten abfertigt und einfach sitzenläßt. Wer das nicht durchschaut, wem das kommunikative Verständnis fehlt, fühlt sich von aggressiven und arroganten Äußerungen betroffen. Auch der Personalchef verfiel dem menschlichen Kapitalfehler: der Selbstbewertung. Er fühlte sich respektlos behandelt, beleidigt und verletzt, kurz: abgewertet. Hätte er sich nicht beherrscht, dann hätte er losgedonnert: »Das lass' ich mir nicht bieten, das hab' ich nicht nötig, ich werd' Ihnen zeigen, wer hier der Chef ist.«

Besonders als Führerpersönlichkeit muß man das Motiv erkennen können: das Schuldgefühl und die Selbstunterwertung. Man muß auch wissen, daß der unvermeidliche Gegenpol stets die Selbstüberwertung ist.

Wer diese Zusammenhänge kennt, wird *Äußerungen* der Aggression oder Arroganz *nie* auf sich beziehen. Die Führerpersönlichkeit stellt sich zudem die Aufgabe: Wie kann ich den anderen aus dem Teufelskreis von Selbstüber- und -unterwertungen herausholen? Nach dem kommunikativen Verstehen des Motivs muß in vielen Fällen auch die kommunikative Hilfe gefunden werden.

Da sehr viele Menschen gestörte Selbstgefühle haben, sollte man es vermeiden, den anderen zu beschuldigen oder ihm Vorwürfe zu machen. Das sind falsche, autoritäre Maßnahmen. Sie verschlimmern die Situation und führen zum Konflikt. Kommunikation läßt keinen autoritären Führungsstil zu.

Die Führerpersönlichkeit legt das Problem dar.
Dann überzeugt sie den anderen, daß es gelöst werden muß. Mehr braucht es nicht.
Wer daran zweifelt, überlege sich die beiden Sätze:
1. Die Führerpersönlichkeit legt das Problem dar.
2. Sie überzeugt den anderen, daß es gelöst werden muß.

Manchmal ist es mühsam, das Problem so darzustellen, daß es klar verständlich ist. Zuweilen ist es noch schwerer, den anderen zu überzeugen, daß es gelöst werden muß.
Wenn das aber gelingt, dann ist jeder motiviert, die Aufgabe oder das Problem mit all seinen Fähigkeiten und Möglichkeiten zu bewältigen.
Als kommunikative Führerpersönlichkeit hätte der Personalchef das Problem also nur darzulegen brauchen und den Abteilungsleiter überzeugen sollen, daß es gelöst werden muß. Es hätte genügt zu sagen:
»Ich habe soeben gehört, daß Ihre Mitarbeiterin schon seit vier Wochen im Krankenhaus liegt und daß sie noch niemand von uns besucht hat. Ich befürchte, daß sie sich von allen Kollegen im Stich gelassen fühlt. Was können wir tun, daß sie nicht den Eindruck hat, wir seien gegenüber einer kranken Mitarbeiterin gleichgültig und ohne Mitgefühl?«
Genau so scheint übrigens das Gespräch unter den Kolleginnen verlaufen zu sein; denn danach hat jede von sich aus den Krankenbesuch abgestattet.

Die »innere Kündigung«

Fritz Raidt ist Soziologe an den Universitäten Mainz und Koblenz. Als »innere Kündigung« bezeichnet er die Verweigerung der Eigeninitiative und Einsatzbereitschaft (»Der Betriebswirt« 1/1987). Nur weil man Lohnempfänger ist, kommt man pünktlich zur Arbeit und tut das Nötige. Die eigene Initiative besteht gerade noch darin, zeitig nach Hause zu gehen.

Die »innere Kündigung« kann als Abwehrhaltung gegenüber dem Chef, aber auch umgekehrt vom Vorgesetzten gegenüber Angestellten eingenommen werden. Sogar gegenüber gleichgestellten Kollegen kann sie bestehen.

Sie ist daran zu erkennen, daß keine Anregungen und Vorschläge mehr gemacht werden. Auch Kritik wird nicht mehr geäußert. Die menschliche Beziehung ist distanziert und humorlos. Wenn die »innere Kündigung« stattfindet, bleibt Eiliges liegen, der Informationsfluß versiegt, die Absenzen werden häufiger, die Fehler- und Ausschußquote steigt.

Nach Raidt sind es in deutschen Unternehmen vor allem zwei Gründe, die zur »inneren Kündigung« führen können: entweder, daß einem zuviel Arbeit zugemutet wird oder daß man vor anderen kritisiert wird.

Beides sind Gründe, die das normale Selbstgefühl verletzen. Wer vor anderen kritisiert wird, fühlt sich in seiner Selbstachtung gedemütigt. Wer durch zuviel Arbeit überfordert wird und sich der Aufgabe nicht mehr gewachsen fühlt, verliert sein Selbstvertrauen.

Der Verlust der Selbstachtung und ebenso der Verlust des Selbstvertrauens können zur Kündigung der vertrauensvollen Zusammengehörigkeit führen. Damit ist neben der Selbstachtung und dem Selbstvertrauen ein drittes Selbstgefühl gestört: die Zufriedenheit.
Zufriedenheit besteht dann, wenn man mit den Verhältnissen im wesentlichen einverstanden ist. Diese Übereinstimmung äußert sich als Gefühl der Zusammengehörigkeit, der Verbundenheit und des Engagements. Das englische Wort *engagement* für Verlobung macht das deutlich.
Bekanntlich ist die engagierte Zusammengehörigkeit für eine gute Liebesbeziehung und für ein harmonisches Familienleben notwendig. Jeder weiß, daß anderenfalls auch in den privaten Beziehungen eine »innere Kündigung« eintritt. Wer eine Situation erlebt, die ihn befremdet, macht häufig den Fehler, daß er sich innerlich zurückzieht. Dadurch entsteht eine innere Einsamkeit und Unzufriedenheit. Wer unzufrieden ist, wird überempfindlich. Er ist leicht reizbar und vor allem ungeduldig. Dann findet er: »Es ist zum Davonlaufen.«
Echte Kommunikation setzt voraus, daß wir das Motiv erkennen.

Die Enttäuschung

Ein weiterer Hauptgrund, warum Menschen demotiviert sind, ist die Enttäuschung. Wer findet:»Ich bin enttäuscht, daß...«, hat seine Wünsche nicht durchsetzen können. Die Schuld schiebt er dem anderen zu. Auch Hitler hat seine Karriere so beendet:»Das deutsche Volk hat mich enttäuscht.«

Das Wort sagt es deutlich: Wer enttäuscht ist, hat sich – nämlich sich selbst – getäuscht.

Das ist zwar einleuchtend, aber wir wollen es nicht wahrhaben. Wir bilden uns ein, daß es unser gutes Recht sei, enttäuscht zu sein. Wie viele sind von einer Liebesbeziehung enttäuscht. Manche fühlen sich von ihren Kindern enttäuscht. Das bedeutet aber, daß sie vom anderen etwas erwartet haben, was er nicht will oder nicht kann.

Daß sich Erwartungen oder Absichten oft nicht erfüllen, ist eine Erfahrung, die jeder seit seiner Kindheit vielfach gemacht hat. Wer in der Wirklichkeit leben will, muß das als Tatsache akzeptieren. Soll diese Erfahrung, diese Tatsache dann nicht mehr gelten, wenn unsere Wünsche besonders stark sind?

Ein vernünftiger Mensch richtet seine Wünsche, Erwartungen und Forderungen nach den gegebenen Möglichkeiten. Diese genau zu erforschen und vorurteilslos abzuklären, ist eine Voraussetzung für den Erfolg der Wünsche und Absichten.

Wenn wir nach der Ursache der Enttäuschung fragen, dann dürfen wir sie nicht wie üblich in den äußeren Bedingungen suchen. Sie mögen ungünstig gewesen sein; aber sich enttäuscht fühlen ist ein Selbstgefühl: Wir erzeugen es in uns selbst.

Wären wir nicht gierig und süchtig nach Verliebtheit, nach Beliebtheit, nach Macht oder Geld, dann könnten wir dem illusionären Wunsch-Denken nicht verfallen.

Wir sind also genaugenommen darum enttäuscht, weil sich unsere Erwartungen als Selbsttäuschungen erwiesen haben.

Wie aber kommt das Wechselspiel zwischen Selbsttäuschung und Enttäuschung in Gang? Und wie kann man sich davon befreien?

Die Fähigkeit zu denken gibt uns die Freiheit, wählen zu können, was wir wollen und ob wir es wollen. Darin besteht das vierte normale Selbstgefühl: die innere Freiheit.

Die Freiheit hat aber einen Widersacher: die äußere Wirklichkeit. Sie setzt Schranken, die das vernünftige Denken nicht überschreitet, zum Beispiel das Altern, der Tod. Das unvernünftige Wunsch-Denken und das Angst-Denken ignorieren die Wirklichkeit. Wer sich an illusionäre Vorstellungen verliert, wartet umsonst, daß sie jemals Wirklichkeit werden. Seine Wünsche und Ängste werden nie wahr.

Paul Watzlawick erwähnt in »Lösungen« ein anschauliches Beispiel: Ein Mann, der aus lauter Angst schließlich nicht einmal mehr das Haus verlassen konnte, beschloß, dieser Qual ein Ende zu setzen. Er fuhr mit dem Auto zu einem 50 Kilometer entfernten Berg, um sich zu Tode zu stürzen. Er war überzeugt, daß ihn schon unterwegs ein Herzschlag erlösen würde. Als er oben auf dem Berg ankam, hatte er sich unabsichtlich bewiesen, daß sein ganzes Angst-Denken falsch und eine eingebildete Illusion war. Damit hatte er die innere Freiheit zurückgewonnen und war künftig angstfrei.

Solange jemand in seinen illusionären Erwartungen, ob Wünsche oder Ängste, befangen bleibt, hat er die innere Freiheit verloren. Wer hingegen innerlich frei ist, kann, wenn nötig, verzichten. Wer weiß, daß er verzichten kann, hat aber auch keine Scheu, angemessene Forderungen zu stellen.
Jede Enttäuschung setzt eine Selbsttäuschung voraus. Eine solche Befangenheit in illusionären Erwartungen zerstört die innere Freiheit: die Fähigkeit, angemessen zu fordern und, wenn nötig, zu verzichten. Wer sich enttäuscht oder beleidigt oder überfordert oder unzufrieden fühlt, ist de-motiviert.

Die Demotivation

Die Demotivation äußert sich in vier Grundhaltungen:

»Ich bin beleidigt«   (gestörte Selbstachtung)

»Ich bin überfordert«   (gestörtes Selbstvertrauen)

»Ich bin unzufrieden«   (gestörte Zufriedenheit)

»Ich bin enttäuscht«   (gestörte innere Freiheit)

Bei ungenauem Sprachgebrauch werden diese vier Grundhaltungen – auch in der Psychologie – oft verwechselt. Wenn zum Beispiel jemand wegen Arbeitsmangels entlassen werden muß, kann er enttäuscht sein. Das bedeutet aber keineswegs, daß er mit dem Arbeitgeber unzufrieden sein muß, wenn diesen keine Schuld trifft. Wer als Esel tituliert wird, kann sich beleidigt fühlen. Er braucht deswegen aber nicht auch zugleich enttäuscht zu sein; einerseits, weil er sich nicht als Esel fühlt, und anderseits, weil er den anderen schon längst als unflätigen Grobian eingeschätzt hat.

Echte Kommunikation ist nur dann möglich, wenn man das Motiv des anderen richtig erkennt.

Wie geht man vor?

Wenn die junge Frau in dem früheren Beispiel zu ihrem Freund sagt: »Ich glaube, ich gehe jetzt nach Hause«, dann muß er ihr Motiv erkennen. Er sollte verstehen, daß sie ihm damit sagen will: »Es ist jetzt endlich an der Zeit, daß du mich in die Arme nimmst.« Auf sein tölpelhaftes Angebot: »Gut, ich fahr' dich nach Hause«, gibt sie zurück: »Ich hasse dich.« Auch das wäre noch einmal eine Gelegenheit, hinter den bösen Worten das wahre Motiv zu suchen. Was hindert uns daran?

Viele sind durch ihre gefühlsstutzige Wortgläubigkeit oder durch ihre unsensible Selbstherrlichkeit für das Motiv des anderen blind und taub.

Um das Motiv zu entdecken, müssen wir uns folgende vier Fragen stellen:

Ist der andere in seiner Selbstachtung beleidigt?

Ist er durch die Zumutungen überfordert und in seinem Selbstvertrauen verunsichert?

Ist er mit den anderen so unzufrieden, daß er das Engagement und die innere Zusammengehörigkeit gekündigt hat?

Ist er innerlich so unfrei, daß er über die Enttäuschung nicht hinwegkommt?

Es kann genügen, wenn man nach diesen vier Grundhaltungen der Demotivation fragt. Aber es ist gut zu wissen, daß oft zwei oder mehr Demotivationen miteinander verkoppelt sind.

Die Verkoppelung
der Demotivationen

Wenn sich unter den vier Grundhaltungen jeweils zwei verkoppeln, entstehen sechs auffällige Verhaltensweisen. Es ist nützlich, sie wenigstens in der kurzen nachfolgenden Beschreibung kennenzulernen. Dem Menschenkenner sind sie wohlvertraut.

1. »Es ist zum Davonlaufen«
Wenn jemand eine Situation »zum Davonlaufen« findet, dann hat er nicht nur die innere Zusammengehörigkeit gekündigt; nein, die ganze Situation ärgert und empört ihn so sehr, daß er nicht mehr damit fertig wird und sich deshalb überfordert fühlt. »Es ist zum Davonlaufen«, kann man von unzufriedenen und zugleich überforderten Mitarbeitern, von Lehrern und Ehepartnern hören.

2. »Ich komme einfach nicht davon los«
Der Enttäuschte, der sagen kann: »Eigentlich habe ich von dem auch nichts Besseres erwartet; so habe ich ihn ja schon immer eingeschätzt«, kommt verhältnismäßig gut davon. Seine Selbstachtung oder sein Stolz wurden nicht verletzt.
Bitter und auf die Dauer unerträglich ist es jedoch, wenn sich jemand getäuscht und zugleich auch gedemütigt fühlt. Wenn jemand ein »Ideal« hat – seine Ideologie oder die »große Liebe« –, das ihm ein stol-

zes Geltungsbewußtsein gibt, und er dann enttäuscht wird, dann bricht nicht nur seine Illusion zusammen, sondern auch sein Stolz ist gedemütigt. »Das darf nicht wahr sein«, meint er, weil es demütigend ist, von seinem »Ideal« enttäuscht zu werden. Darum sind so viele Menschen eher bereit, für ihre Überzeugung zu sterben als sich die Selbsttäuschung einzugestehen. Weil es nicht wahr sein darf, hoffen sie trotz aller Enttäuschung, daß sich die Erwartungen doch noch erfüllen werden. Sie fühlen sich zwar »ausgenützt und betrogen«, halten aber hartnäckig an ihrer Hoffnung fest und »kommen einfach nicht davon los«.

Wer feststellt: »Ich komme einfach nicht davon los«, steht zu demjenigen im Gegensatz, der es »zum Davonlaufen« findet.

3. »Da bin ich machtlos«

»Wissen ist Macht«, Geld ist Macht, Titel und Uniformen verleihen Macht, und Sex-Appeal kann als Macht genützt werden. Das sind Mittel, sich autoritär aufzuspielen. Das alles ist aber nutzlos oder sogar hinderlich, um eine echte Autorität zu sein.

Der neue Aushilfslehrer, dem ein nasser Schwamm auf den Kopf fällt, wenn er die Türe zum Klassenzimmer öffnet, hat dreißig Sekunden Zeit, sich entweder als Autorität zu bewähren oder ab jetzt einen autoritären Kampf gegen das beginnende Höllenspektakel durchzufechten. Wenn er unterliegt, hat er die Autorität endgültig verloren.

Auch Vorgesetzte und Eltern sind solchen Zerreiß-
proben ausgesetzt. Werden sie nicht wegen ihrer Persönlichkeit und Kommunikationskunst als Autorität
geachtet, so müssen sie sich mit mühseligem Impo-
nierverhalten über Wasser halten. Sie befürchten
ständig, daß ihr überhöhter Geltungsanspruch nicht
entsprechend respektiert wird. Darum fühlen sie sich
mißachtet oder beleidigt. Das kostet Nerven.
Da die anderen auch eine Meinung und auch einen
Willen haben, kommen die Autoritären in ihrem
Kampf zu bestehen nie zur Ruhe. Das kostet den
Rest an Nerven.
Wer sich überfordert fühlt und zugleich findet, daß er
nicht angemessen respektiert wird, kommentiert seinen Autoritätsverlust mit den Worten: »Da bin ich
machtlos.« Das ist die Kapitulation des Anspruches
auf Macht. Der Anspruch auf Liebe kapituliert mit
den Worten: »Ich bin einsam und verlassen.«

4. »Einsam und verlassen«
Alleinsein kann angenehm oder sogar wünschens-
wert sein, wenn man seine Ruhe haben oder sich auf
etwas konzentrieren will. Von allen distanziert und
einsam hingegen kann sich auch ein Mensch fühlen,
der sich zum Topmanager hinaufgearbeitet hat, oder
jemand, der in der Öffentlichkeit bekannt ist. Wir alle
kennen Stars, die aus innerer Einsamkeit auf dem
Gipfel ihres Erfolges dem Alkohol oder den Drogen
verfallen oder Selbstmord begehen.

Zur tiefen Einsamkeit gehört das Gefühl der Verlassenheit. Wer niemanden hat, weil er verlassen wurde, empfindet das Gefühl bitterer Einsamkeit. Wer klagt: »Mein Gott, mein Gott, warum hast du mich verlassen«, fühlt sich nicht nur allein, sondern auch enttäuscht, daß sich die Erwartung nicht erfüllt hat.
Die bittere Einsamkeit hat zwei Wurzeln: einerseits den Verlust der Geborgenheit in einer zufriedenen Zusammengehörigkeit und anderseits den Verlust der inneren Freiheit; denn solange man den anderen beschuldigt, daß er einen enttäuscht und verlassen habe, hat man sich von dem Anspruch nicht befreit.

5. »Da bin ich völlig hilflos«
Wenn jemand seine berufliche Position verliert oder wenn ihm der geliebte Partner wegläuft, kann er enttäuscht sein. Viel schlimmer wird es, wenn er keine andere Stelle findet oder durch den Liebesverlust keinen Sinn mehr im Leben sieht. Dann ist es nicht nur die Enttäuschung, sondern auch die schwierige Situation, der er sich nicht mehr gewachsen fühlt. Wer aus Enttäuschung den Halt verliert und dadurch überfordert ist, fühlt sich »völlig hilflos«.
Wer jedoch unter dem bestehenden Druck nicht zusammenbricht, sondern sich gegen ihn auflehnt, empfindet ihn als »unverschämte Gemeinheit«.

6. »Eine unverschämte Gemeinheit«
Aus welchen Ingredienzen braut sich der Miesepeter

seinen Sauertopf? Die ätzende Säure strömt aus der Verletzung seines dünkelhaften Stolzes; denn er fühlt sich beleidigt, respektlos behandelt und verkannt. Er ist nicht nur beleidigt, sondern lehnt zugleich auch die Zusammengehörigkeit mit den Menschen ab, die ihn so gemein behandeln. Er fühlt sich »verschupft« und ist verschnupft. Das gilt für die Prinzessin, die sich zum Aschenputtel degradiert fühlt, und es betrifft all die elitären, von Privilegien verwöhnten Halbgötter, die sich die »unverschämte Gemeinheit« bieten lassen müssen, wie Menschen behandelt zu werden.

Das psycho-logische Umkehr-Denken

Wie kann man diese Demotivationen beseitigen? Oder allgemeiner gefragt: Wie kann man unerwünschte Motivationen aufheben?

Wir können uns den Patienten zum Lehrmeister nehmen, der sich aus lauter Angst nicht mehr aus der Wohnung getraut hat. Weil er sich umbringen wollte, war er aber gezwungen, das Haus zu verlassen. Dabei mußte er feststellen, daß seine Angst eine illusionäre Einbildung war. Dadurch hat er sich von der Selbsttäuschung befreit. Jetzt war er innerlich frei und somit auch frei von seiner Angst.

In dem Augenblick, da der Betroffene erkennt, daß er selbst es ist, der das falsche Selbstgefühl erzeugt, ist er davon befreit:

- dann entwertet er sich nicht und fühlt sich nicht mehr beleidigt;

- dann tut er, wozu er fähig ist, aber fühlt sich nicht mehr überfordert;

- dann sagt er, womit er nicht zufrieden ist, aber wendet sich nicht mehr aus Unzufriedenheit ab;

- dann sieht er ein, daß er sich selbst getäuscht hat, aber beschuldigt nicht mehr den anderen, daß er ihn enttäuscht habe.

Wie geht man aber vor, wenn der Betroffene selbst nicht fähig ist, seine falsche Motivation zu erkennen? Wie kann man den demotivierten Mitarbeiter zurückgewinnen? Wie kann der Erzieher, der Vater oder die Mutter einen falsch Motivierten zur Vernunft bringen?

In der Psychotherapie ist eine Methode bekannt, die auf dem Umkehrprinzip beruht. Wenn jemand unter der Angst leidet, bei jeder unpassenden Gelegenheit erröten zu müssen, gibt man ihm den Befehl: »Erröten Sie jetzt, jetzt sofort.« Aber er wird es nicht können. Und darüber wird er erstaunt sein. Dadurch hat er eine heilsame Erfahrung gemacht: Das, was er ständig befürchtet, daß er jederzeit erröten könne, stimmt nicht. Er hat erlebt, daß er es sogar nicht einmal dann kann, wenn er es absichtlich will. Die Therapiemethode beruht auf der Einsicht, daß Illusion und Angst voneinander abhängen.

Wer sich Illusionen macht, hat zu Recht Angst, enttäuscht zu werden. Und Gleiches geschieht in der umgekehrten Richtung: Wer in der Unzufriedenheit, in der Enttäuschung oder in der Angst lebt, flüchtet in illusionäre Ablenkungen oder in Alkohol und Drogen. Illusionen erzeugen Angst, und Angst erzeugt Illusionen. So entsteht ein Teufelskreis. Er dreht je länger, desto schneller und wird dabei immer enger. Er wird zum fensterlosen Gefängnis der Egozentrizität. Die Beziehung zur Außenwelt, zur Wirklichkeit geht verloren.

Man kann aus dem Teufelskreis ausbrechen, wenn man das falsche Verhalten (zum Beispiel das Haus nicht zu verlassen oder die Angst vor dem Erröten) umkehrt und damit das falsche Motiv (die illusionäre Einbildung) durchschaut.

In der Umkehrung beruht die Logik des Psychischen: die Psycho-Logik. Das hat seinen Grund darin, daß die Psyche ein Regulationssystem ist, das wie ein Thermostat durch Gegensteuerung das Gleichgewicht anstrebt.

Menschliche Spannungen und Konflikte können wir durch das psycho-logische Umkehr-Denken lösen. Jedes Umkehr-Denken wird zu einem heilsamen Aha-Erlebnis.

Die Enttäuschung wird als Selbsttäuschung erkannt; im Beleidigtsein erkennt man den verletzten Stolz oder die selbstherrliche Respektforderung. Wer sich unzufrieden abwendet, muß einsehen, daß er selbst das Engagement für eine zufriedene Zusammengehörigkeit zerbricht; und nur derjenige fühlt sich überfordert, der von sich fordert, was er nicht zu leisten vermag.

Die Kunst des kommunikativen Verstehens und Handelns besteht im Umkehr-Denken. Watzlawick erwähnt ein historisches Ereignis, das wir nun mit dem psycho-logischen Umkehr-Denken verstehen können. Im 19. Jahrhundert hatte der Kommandant einer Pariser Gardeabteilung den Auftrag erhalten, auf die demonstrierende Canaille zu schießen. Er befahl seinen Soldaten, die Gewehre zu laden und auf die Demonstranten zu richten. Die Menge erstarrte vor Entsetzen. Dann verkündete er mit majestätischer Feierlichkeit: »Mesdames, Messieurs, ich habe den Befehl, auf die Canaille zu schießen. Ich bitte die ehrenwerten Bürger, beiseite zu treten, damit ich ungehindert auf die Canaille feuern kann.« Der ganze Platz war in wenigen Minuten leer.

Das Umkehr-Denken erlaubt uns, diesen Erfolg psycho-logisch zu verstehen. Der Kommandant hatte den Auftrag, die Macht der Demonstranten durch die Macht der Waffen zu brechen.

Das ist die übliche Maßnahme, die man bei Konflikten anwendet, wenn man zur Kommunikation unfähig ist. So werden die Streitereien zwischen den Großmächten, zwischen zwei Negerstämmen, zwischen der Polizei und Demonstranten, zwischen Konkurrenzfirmen, zwischen neidischen Mitarbeitern, eifersüchtigen Partnern und ebenso zwischen rauflustigen Schuljungen ausgetragen.

Wirklich lösen lassen sich Konflikte aber nicht mit Gewalt, sondern nur durch Überzeugung. Der Kommandant hat das dafür geeignete Mittel eingesetzt: *Die Kommunikation durch das Umkehr-Denken.*

Von den vier falschen Motiven, die möglich sind, hat er nicht weniger als drei aufs Korn genommen:

1. Er hat die erschreckten Demonstranten nicht gedemütigt, sondern sie als anständige Bürger respektiert, indem er ausdrücklich zwischen ihnen und der Canaille unterschieden hat.

2. Indem er die Bürgerschaft aufforderte, sich von der unzufriedenen Canaille zu distanzieren, gab er ihnen das Gefühl, nicht zu den Unzufriedenen zu gehören.

3. Der Kommandant hat es außerdem vermieden, die Demonstranten zu überfordern, indem er ihnen den gewaltlosen Ausweg zeigte.

Der Kommandant hat sie also nicht *überfordert,* nicht *beleidigt* und sie beeinflußt, nicht zur *unzufriedenen* Canaille zu gehören.

Will man den anderen nicht nur kommunikativ verstehen, sondern auch richtig behandeln oder sich selbst richtig verhalten, dann kann die »Checkliste für die vier Selbstgefühle« und die zugehörigen, ausführlichen Verhaltensempfehlungen als Anleitung dienen (siehe: »Das Harmoniegesetz in uns«, ECON-Verlag).

2. Teil: Die vier Typen des Erlebens

Das Regulationssystem des Erlebens und Denkens

Daß wir Menschen unsere Vorstellungswelt nach menschlichen Maßstäben deuten und gestalten, diese Einsicht ist in der Antike in dem berühmten Satz zusammengefaßt: *Homo mensura omnium rerum.* »Der Mensch ist das Maß aller Dinge«, was bedeutet, daß er seine eigene Denkweise auf alle Dinge des Lebens anwendet, auf sein eigenes Leben, auf die gesellschaftliche und politische Ordnung und ebenso auf die Organisation eines Unternehmens.
Wir können nicht anders, als so zu denken, so zu leben und so zu handeln, wie es dem menschlichen Funktionssystem entspricht.

Doch wie beschaffen ist dieses Funktionssystem?
Es besteht aus Raum und Zeit, jedoch nicht im Sinne der Naturwissenschaft: Die psychologische Zeit ist die Gegenwart, die wir erleben. Der psychologische »Raum« entsteht durch die Position, die der eine gegenüber dem anderen einnimmt.

Die psychische Zeit

Die zeitliche Dimension unterscheidet zwischen Beziehungen, die entweder eher konstant oder eher wechselnd (variabel) sind.

Die Beziehungen zu mir selbst, zu meinem Körper, zu meinen Angehörigen und meinem Besitz sind verhältnismäßig *konstant*.

Die Beziehungen zu unbekannten Menschen, die mir bei kurzen Kontakten begegnen, oder zum Tagesgeschehen sind verhältnismäßig *wechselnd, variabel*.

Der psychische Raum

Neben dieser zeitlichen Dimension gibt es die räumliche Dimension. Sie besteht aus zwei gegensätzlichen Positionen. Unstatthaft vereinfacht heißen sie »überlegen« und »unterlegen« oder »männlich« und »weiblich« und bei C.G. Jung »Animus« und »Anima«.

Was ist mit solchen Schlagwörtern gemeint? In Wirklichkeit ist es die Position, die man in der Beziehung zu einer anderen Person oder Sache einnimmt.

Die Position kann entweder bestimmend, direktiv sein, oder sie kann rezeptiv sein, indem man sich bestimmen läßt.

Den Gegensatz von direktiv und rezeptiv kann man auch mit anordnen und annehmen bezeichnen oder,

fachlich ausgedrückt: *autonom–direktiv* und *heteronom–rezeptiv.*

Irreführend wäre es, diese beiden Positionen als aktiv
und passiv oder als männlich und weiblich zu taxie-
ren.

Die Relation der zeitlichen und räumlichen Dimension

Es gibt in der Wirklichkeit immer nur beides zugleich, Raum und Zeit. Darum können die beiden
Dimensionen als Achsenkreuz verbildlicht werden.
Die Zeitdimension kann als senkrechte Achse dargestellt werden, als Verbindung von variabel (oben) zu
konstant (unten). Die räumliche Dimension kann als
horizontale Achse von heteronom–rezeptiv (links)
zu autonom–direktiv (rechts) die Zeitachse durch-
kreuzen.

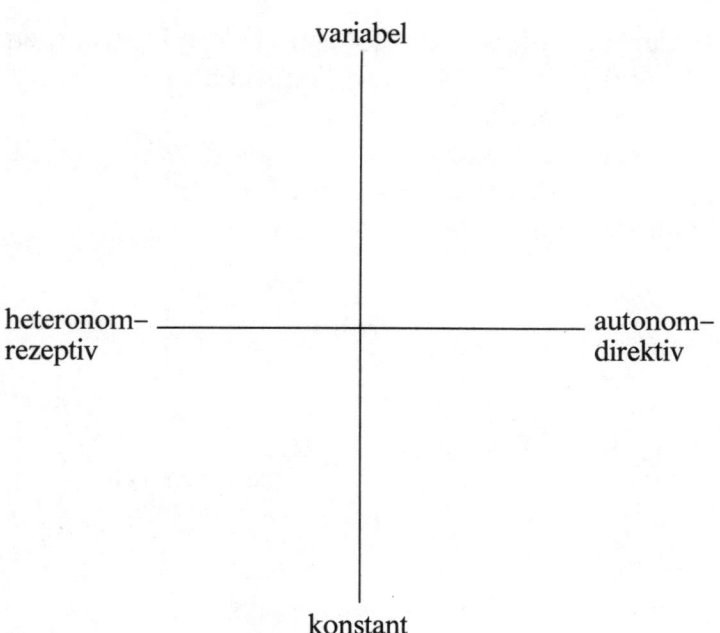

Die entstandenen vier Quadranten stellen das Regulationssystem des menschlichen Erlebens und Denkens dar (siehe: Lüscher, »Das Harmoniegesetz in
uns«, ECON Verlag). Ihnen können die vier popu-
lär-psychologischen Elemente (Feuer, Wasser, Luft
und Erde) zugeordnet werden.

Uns interessiert, wie die Grundformen des menschlichen Verhaltens in diesen vier Quadranten enthalten
sind, um »den richtigen Menschen an den richtigen
Platz« zu stellen.

60

In der folgenden Übersicht ist in jedem Quadranten
  unter a. das normale Selbstgefühl
  unter b. das Verhalten
  unter c. das Ziel
  unter d. das symbolische Element
einer der vier Farben zugeordnet.

variabel

GELB
a. Selbstentfaltung
b. Neues Erleben
c. Veränderung, Freiheit
d. Luft

ROT
a. Selbstvertrauen
b. aktiv, erobern
c. Erfolg, Sieg
d. Feuer

heteronom-rezeptiv ——————————— autonom-direktiv

BLAU
a. Zufriedenheit
b. empfindsam, verweilen
c. Befriedigung, Friede
d. Wasser

GRÜN
a. Selbstachtung
b. fest, beharren
c. Stabilität, Sicherheit
d. Erde

konstant

Die vier Typen des Erlebens

Die Bedeutung jedes Quadranten ergibt sich aus den beiden Dimensionen (variabel/konstant und auto-nom–direktiv / heteronom–rezeptiv).

ROT

Zum Beispiel ist ein Mensch aktiv er-obernd, der sich in verschiedenartigen, wechselnden Beziehungen stets direktiv–autonom (bestimmend, anordnend) verhält. Er hat ein gutes Selbstvertrauen. Sein Ziel ist der Erfolg. Diese Haltung markieren wir mit der Farbe Rot. Das symbolische Element ist das Feuer.
Im Falle der Übertreibung sind diese Menschen nicht nur unternehmend, sondern überaktiv be-triebsam. Wenn sie sich benachteiligt fühlen, werden sie entweder provokativ oder aggressiv.

BLAU

Gerade umgekehrt benimmt sich ein Mensch, der in seinen Beziehungen konstant ist und sich dabei heteronom–rezeptiv, also akzeptierend, annehmend verhält. Sein Selbstgefühl ist Zufrieden-heit. Sein Verhalten ist ruhig, empfindsam. Sein Ziel ist die Befriedigung. Diese Haltung markieren wir mit der Farbe Dunkelblau. Das symbolische Element ist das Wasser.

Im Falle der Übertreibung ist die Zufriedenheit eine gespielte Pose. Aus Schwäche oder um unbequeme Auseinandersetzungen zu meiden, geben sich diese Menschen nachgiebig und friedfertig. Sie passen sich nur scheinbar an. Offensichtlich wird diese Taktik bei dem begütigenden Tonfall des gönnerhaft Wohlgefälligen.

GRÜN

Wiederum anders sind die Menschen, die zwar in ihren Beziehungen ebenfalls konstant sind, die sich aber direktiv–autonom verhalten. Sie haben einen ausgeprägten Eigenwillen. Ihr beharrlicher Eigenwille bezweckt Konstanz und Stabilität. Ihr Selbstgefühl ist die Selbstachtung. Das Bedürfnis und Ziel dieser Haltung ist die Sicherheit. Das symbolische Element für das Stabilitätsbedürfnis ist die Erde. Diese Haltung markieren wir mit einem eher dunklen, bläulichen und daher sehr hart wirkenden Grün.

Im Falle der Übertreibung führt der Eigenwille zur selbstherrlichen Überheblichkeit. Sie kann zum arroganten Geltungs- und Prestigeanspruch überborden.

GELB

Entgegengesetzt verhalten sich die Menschen, die ihre Beziehungen rasch und häufig wechseln. Neben ihrer Variabilität sind sie auch noch rezeptiv–heteronom. Das äußert sich im Bedürfnis, stets Neues zu erleben. Sie lieben die Veränderung und erwarten davon eine Verbesserung. Ihr Selbstgefühl ist die innere Freiheit. Sie ermöglicht die begeisterte Selbstentfaltung. Diese Haltung entspricht dem symbolischen Element Luft. Wir markieren sie mit der Farbe Gelb.

Im Falle der Übertreibung werden diese Menschen zu Illusionisten und Phantasten. Ihr Ziel ist die Freiheit und Unabhängigkeit.

GELB	ROT
BLAU	GRÜN

Ziel der Reifung ist es, daß der Mensch gehemmte und übersteigerte Tendenzen ausgleicht und alle vier Bereiche gleichmäßig entwikkelt. Damit wird er fähig, je nach der gegebenen Situation mit dem angemessenen Verhalten zu reagieren: also entweder aktiv zu erobern (rot) oder empfindsam zu verweilen (blau) oder aufgeschlossen das Neue zu erleben (gelb) oder aber fest und beharrlich (grün) zu sein. Ein Mensch, der frei über alle vier Verhaltensmöglichkeiten verfügen kann und weder gehemmt ist noch übertreibt, ist der ideale Normalmensch. (Siehe: Lüscher, »Der 4-Farben-Mensch«, ECON Verlag, Neuausgabe Frühjahr 1989.)

3. Teil: Die vier Typen des Denkens

Das Gefühls- und das Realitätsdenken

Illusionäres Denken und depressives Denken taugen nichts. Das illusionäre produziert ein langes Gerede über Seifenblasen; das depressive ein verbohrtes Grübeln über Sorgen, die nie eintreten. Solche egozentrischen Selbstgespräche sind kein wirkliches Denken, sondern in Gesten, Mimik und Wörtern ausgedrückte Launen.

Launen, die ihren Ursprung in falschen Selbstbewertungen haben – im Gefühl der Eitelkeit oder Minderwertigkeit –, pervertieren das Realitätsdenken in ein egozentrisches Wahndenken. Wer hinhört, bemerkt, wieviel »eitler Schall und Rauch« beim Wahndenken abgelassen wird.

Um das zu vermeiden, sollten wir uns während des Denkens und besonders beim Diskutieren wenigstens die vier Fragen stellen:

Denke und rede ich so,

weil mein Stolz beleidigt wurde?
weil meine Erwartung enttäuscht wurde?
weil ich mich überfordere und deshalb ärgere?
weil ich aus Ungeduld unzufrieden bin?

Wir sollten eine innere Alarmglocke läuten hören, wenn uns demotivierende Koppelungen durch den Kopf schießen, wie »Das ist eine unverschämte Gemeinheit«, »Das ist zum Davonlaufen«, »Ich fühle mich ausgenützt und betrogen«. Hier ist die Gefahr groß, daß wir nicht nur egozentrisch denken, sondern auch falsch handeln.

Für eine echte Kommunikation ist es nötig, daß man die Gefühle und Motive des anderen versteht. Darum erleichtert es die Kommunikation, wenn man seine Gefühle bewußt wahrzunehmen und spontan treffend auszudrücken vermag. Dann sagt man nicht: »Das ist eine Frechheit«, sondern: »Ich fühle mich beleidigt.« Dann schimpft man nicht: »Das ist eine unerhörte Zumutung«, sondern erkennt: »Das überfordert und ärgert mich.«

Affekte und Launen verursachen bei allen vier Typen des Denkens fatale Denkfehler. Das Realitätsdenken läßt keine egozentrischen Gefühle zu. Ebenso wie wir die vier Grundtypen des Erlebens unterscheiden, gliedern wir auch das Denken in vier verschiedenartige Grundtypen. Dabei müssen wir uns von der Befangenheit lösen, echtes Denken sei nur das »objektive«, logische Denken. Von ihm wird behauptet, es sei das »wissenschaftliche« Denken. Aber ohne die anderen Denkarten gäbe es die Wissenschaft gar nicht. Sie sind nötig, um Erfahrungen zu machen oder Ideen zu haben. Wissenschaftler und Führungspersönlichkeiten hätten ohne Intuition, Fantasie und innovative Originalität wenig Erfolg. Auch der Nobelpreisträger Konrad Lorenz schreibt: »Die Macht, die dem Menschen aus den sogenannten exakten Naturwissenschaften und damit letzten Endes aus analytischer Mathematik erwuchs, läßt die Menschheit diese Wissensquellen über- und alle anderen unterschätzen. Ein echter Massenwahn der heutigen Menschheit besteht in dem Irrglauben, es habe nur dasjenige reale Existenz, was sich in der Sprache der exakten Naturwissenschaften ausdrücken und quantifizierend beweisen läßt.«

Den meisten Menschen liegen ein oder zwei Denktypen. Die anderen lassen sie ungenützt oder lehnen sie sogar ab. Wir sollten nicht stur sein, sondern uns bemühen, auch im Denken ein »4-Farben-Mensch« zu werden.

Wir markieren die vier Denktypen mit den vier Grundfarben: Gelb, Grün, Rot und Blau.

GELB	ROT
BLAU	GRÜN

Das rezeptive Denken: der gelbe Denktyp

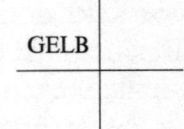

Dem logischen, objektiven Denken entgegengesetzt ist die rezeptive Denkhaltung. Sie ist das, was seit Platon als Anfang allen Philosophierens gilt: das »Staunen«.

Die Anekdote erzählt, der Philosoph und Physiker Isaac Newton (1642–1727) habe das Gravitationsgesetz entdeckt, nachdem ein Apfel vom Baum herunterfiel, unter dem er lag. Für Newton wäre das Herunterfallen genauso selbstverständlich gewesen wie für uns, wenn er nicht in diesem Augenblick die Gangschaltung seines Denkens geändert hätte. Er hat vom logisch einordnenden Gewohnheitsdenken umgeschaltet auf das rezeptive Denken. Wie auch viele andere Entdecker fand er: »Erstaunlich. Warum eigentlich?«

Das ist nicht mehr das alltägliche Sehen, ohne zu denken, sondern das staunend denkende Schauen: das Beobachten.

Goethe hat das rezeptive, beobachtende Denken, das auch ihn zum naturwissenschaftlichen Entdecker machte, als menschliche Bestimmung erkannt: »Zum Sehen geboren, zum Schauen bestellt.«

Das erstaunte Kind, der staunende Philosoph oder der beobachtende Naturwissenschaftler und der aufmerksame Kaffeehausgast, sie alle haben eine rezeptive, gelbe Denkhaltung.

Aufgeschlossenheit und höchste Aufmerksamkeit, wie sie in der Zen-Meditation geübt wird, das ist die Methode des rezeptiven Denkens.

Wer das gelbe Denken übt und beherrscht, durchbricht seinen bisherigen Horizont. Er befreit sich von

Vorurteilen, von falschen Meinungen und scheinbarem Wissen.

Eine rezeptive Haltung nehmen wir auch dann ein, wenn wir auf ein Geräusch lauschen, wenn wir nach Gerüchen schnuppern oder uns in Geschmacksempfindungen vertiefen.

Unsere Sinnesempfindungen entstehen durch unterschiedliche Sinnesreize. Die Reizunterschiede werden durch ein unbewußtes Vergleichen wahrgenommen. Wir urteilen bei jeder Wahrnehmung blitzschnell und meist unbewußt, ob größer oder kleiner, schwerer oder leichter, heller oder dunkler, schneller oder langsamer, und ebenso, ob mehr oder weniger, ob komplexer oder einfacher usw. Ganz im Gegensatz zu den Gefühlen sind deshalb Empfindungen eine bestimmte Art des Denkens (Leibniz [1646–1716] »les petites perceptions«). Von diesen ständigen, unbewußten Urteilen werden nach neueren Berechnungen nur ein Zehntausendstel oder sogar Billionstel bewußt wahrgenommen.

Das rezeptive, gelbe Denken geschieht, ohne daß es bewußt und rational gesteuert werden kann. »Nur beobachten und es geschehen lassen«, heißt deswegen die Anleitung, wie man sich im autogenen Training verhalten soll. Wer hingegen mit rational gesteuerter Absicht sich entspannen will oder einschlafen möchte, dem wird es mit dieser falschen Denkhaltung nicht gelingen.

»Logisch« bedeutet folgerichtig. Das gelbe, rezeptive

Denken muß aus Prinzip unlogisch sein; denn logisch ordnen kann man nur aufgrund von Erfahrungen. Das Beobachten ist ein rezeptives Denken. Es geht der Erfahrung voraus. Darum wird das rezeptive Beobachten durch jeden logisch ordnenden Eingriff beeinträchtigt oder gar zerstört. Versuchsanordnungen schränken die Beobachtungsmöglichkeit ein. Das gilt nicht nur für naturwissenschaftliche Experimente, sondern vor allem auch für Befragungen. Entdeckungen beruhen deshalb oft auf einer »zufälligen« Beobachtung, weil das Vorurteil der logischen Ordnung oder der Versuchsanordnung weggefallen ist. Fleming (1881–1955) zum Beispiel entdeckte das Penicillin, weil im Labor eine Petrischale verschmutzt war.

Das gelbe, rezeptive Denken ist ein ästhetisches »Schauen« und Entdecken der Welt. Darum sagt Pablo Picasso: »Ich suche nicht. Ich finde.«

Das objektive Denken: der grüne Denktyp

GRÜN

Dem Säugling ist die Mutterbrust wichtig, dem Mädchen der Liebesbrief, dem arrivierten Spießer das Auto, dem Politiker das Wahlergebnis und dem

Kranken die schmerzende Körperstelle. Jeder richtet sein Interesse auf das Stückchen Welt, das seine Welt ist. Sie ist sein Gegenstand, sein Objekt. Das, was wir aus dem Zusammenhang herausgreifen und gegen anderes abgrenzen, heißt Objekt. Das objektive Denken grenzt das eine Objekt gegenüber dem anderen ab. Es definiert das Objekt (finis: die Abgrenzung). Es bestimmt, was das Objekt ist und was nicht dazugehört. Das grüne, objektive Denken schafft das Ordnungssystem, in das möglichst viel möglichst gut eingeordnet werden kann. Es bringt Ordnung in den Werkzeugkasten, in die Buchhaltung, in das Verständnis der Natur und der menschlichen Beziehungen.

Wenn das objektive Denken anstrengend war und zu überprüfbaren Feststellungen geführt hat, heißt es »wissenschaftliches« Denken. Die Naturwissenschaft hat der Technik genützt, und diese hat den fleißigsten Wissenschaftler hervorgebracht: den Computer. Er wird mit einem ordnenden Programm und mit objektiven Daten gefüttert. Die gibt er unverdaut wieder, oder er vergleicht die Daten miteinander und erstellt eine Statistik. Der Computer ist das Genie des objektiven, grünen Denkens – aber ach, des grünen Denkens nur.

Das objektive, grüne Denken stellt Axiome auf, macht logische Schlußfolgerungen; es analysiert und definiert, stellt Daten und Fakten fest und vergleicht sie miteinander. Es stellt Statistiken her und sorgt dafür, daß man den auffälligen Einzelfall nicht überschätzt; daß zum Beispiel, trotz der erschreckenden Wirkung einer Flugzeugkatastrophe, Autofahren gefährlicher ist als Fliegen.

Das objektive Denken verhilft zu exaktem Wissen und erhöht damit die Sicherheit. Zuverlässiges Wissen verleiht Kompetenz.

Wer aber in seiner Jugend während ein bis zwei Jahrzehnten mit Schulwissen gedrillt wurde und mit Noten entweder als kompetente Persönlichkeit oder als Versager abgestempelt worden ist, kann diesen Aberglauben kaum mehr ablegen. Die Eitelkeit, sich durch Wissen zur Geltung bringen zu wollen, bleibt bei vielen, seien es Klatschtanten oder Universitätsprofessoren, haften. Die Überlegenheit, die der Stier und der Landsknecht mit roher Gewalt beweisen muß, demonstriert der Bildungslakai mit seiner Quiz-Intelligenz. »In einen hohlen Kopf geht viel Wissen«, hat Karl Kraus gesagt. Das Fatale ist aber, daß sich der Vielwisser oft für einen Besser-Wisser hält. Tatsächlich besser Bescheid weiß aber nur der wirklich Intelligente, weil er je nach Bedarf über alle vier Denktypen verfügt.

Das provokative Denken:
der rote Denktyp

Rote Denker werden bewundert und beneidet; sie werden verehrt und verhöhnt, das ist das Merkmal und das Schicksal der provokativen Köpfe. Weiche Köpfe und müde Mitläufer denken nicht rot, bestenfalls rosa, wenn sie aus Verliebtheit einen Seitensprung wagen. Der Rot-Denker ist ein geborener Seitenspringer, ein Abenteurer des Geistes. Wenn andere müde dem grauen Alltag entlangschleichen, sieht er rot. Den Trott der Gewohnheit erträgt er nicht.

Rot ist die Farbe der Revolution. Revolution heißt Umwälzung. Sie will verändern und verbessern. Der Rot-Denker ist ein Revolutionär, ein Aufwiegler wie Sokrates, Christus, Gandhi und Martin Luther King. Rote Denker sind Provokateure. Sie wollen ihre Kollegen oder ihre Sippe vom ausgetretenen Trampelpfad der Gewohnheit abbringen und auf die blühende Wiese des Lebens führen.

Ihr soziales Engagement wird bestraft, alle der Obenerwähnten wurden umgebracht. Die Nachwelt allerdings verehrt das Konterfei dieser Köpfe, auch wenn sie deren Inhalt kaum begreift.

Besser geht es Rot-Denkern, deren Originalität auf einen theoretischen, geisteswissenschaftlichen Rahmen beschränkt bleibt. Sie werden wohlwollend ignoriert oder als Spinner rücksichtsvoll ertragen.

Viel besser geht es Rot-Denkern, die eine technische Innovation kreieren. Sind sie gewitzt genug, den Vermarkter vertraglich an die Kette zu nehmen, können sie sich von den Brosamen des Erfolgs ernähren.

Am besten geht es den Rot-Denkern, welche mit ihrer Kreativität die kleinsten Hopser machen, den Erfindern von Werbegags. Ihre Provokation ist nicht lebensgefährlich. Sie wird auch nicht ignoriert, sondern finanziell vergoldet. Die Werbeprovokation beschränkt sich meist auf den engen, aber unerschöpflichen Rahmen von Prestige und Sex.

Wie kommt der Rot-Denker zu seiner Kreativität? Wie wird man provokativ und revolutionär?

Indem man einen starken und einen eigenen Willen hat. Beide sind nötig.

Mit einem starken Willen kann man Karriere machen, Boxer oder Bundespräsident werden. Man kann fast alles werden, solange man brav im konventionellen Gehege grast.

Wer aber zum starken auch noch einen eigenen Willen hat, der muß seinem roten Faden folgen. Er wird zum Rot-Denker. Er stößt an und fragt sich: »Warum nicht anders? Warum nicht besser?«

Das ist die Provokation oder – um es ins Deutsche zu übersetzen – die »Hervorrufung« einer Idee, eines Einfalls oder sogar einer Vision.

Von einer Idee oder einer Vision ist man bekanntlich besessen. Man hat sie und sie hat einen. Man wird sie nicht mehr los. Edison, der große Erfinder, hat von sich gesagt, das eine Prozent Inspiration treibe ihn zu 99 Prozent Transpiration.

1 Prozent provokatives, rotes Denken und 99 Prozent diszipliniertes, fleißiges, grünes Denken, das ist die Bilanz der bekannten Genies. Die verkannten Genies begnügen sich mit dem einen Prozent.

Die eigenwillige Frage: »Warum nicht anders? Warum nicht besser?« provoziert neue Ansichten, neue Aspekte. Alte Denkmuster werden überwunden. Der neue Blickwinkel produziert neue Ideen und Hypothesen. Das ist der Zweck des Brainstormings und anderer Methoden, um neue Aspekte, Ideen und Lösungen zu finden. In diesem Sinne ist das rote Denken produktiv. Es setzt vieles in Gang. Es produziert zwar neue oder sogar revolutionäre Ideen, aber es fehlt ihnen – wie zum Beispiel der Studentenrevolution von 1968 – ein übergeordnetes Konzept. Das hingegen kann das blaue Denken bieten.

Gottlieb Duttweiler, der Schöpfer der gigantischen Schweizer Handelskette Migros, hatte beides, die motivierende rote Vision und das übergeordnete blaue Denken. Er sagt: »Die wahre Wirklichkeit, jene, die andere Fantasie nennen, ist von zuverlässigerer Dauer als das bloße geschäftliche Denken des Tages.«

Das reflexive Denken: der blaue Denktyp

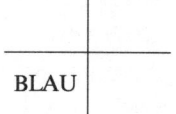

BLAU

»Reflexion« heißt Zurücklenkung. Ein Reflektor lenkt den Lichtstrahl zurück. Wir erkennen den Mond am Nachthimmel, weil er das Sonnenlicht zu uns reflektiert.

Reflexives Denken lenkt das, was wir erkennen, zurück in unser bisheriges Wissen. Das reflexive Denken verbindet die neuen Erkenntnisse mit den bisherigen. Darum ist das blaue, reflexive Denken ein Nachdenken über die Zusammenhänge. »Wie hängt das zusammen? Was ist das Gemeinsame? Was ist das Wesentliche?« Das sind die Fragen des reflexiven, blauen Denkens.

Das blaue Denken will nicht verändern wie das rote mit seiner provokativ-progressiven Absicht. Es will auch nicht nur rezeptiv empfinden und schauen wie das gelbe und nicht in Kategorien einordnen wie das grüne Denken. Das blaue, reflexive Denken will die Zusammenhänge erkennen. Es will verstehen, wie sich die Einzelteile zur Ganzheit zusammenfügen. Harmonie bedeutet Zusammenfügung. In dem Augenblick, da uns die Zusammenhänge in ihrer Harmonie einleuchten, sind sie »evident«. Husserl nennt es »Wesensschau« oder »Evidenz«.

Das blaue Denken will verstehen, wie eine Beziehung oder ein Unternehmen in sich und nach außen harmonisch funktioniert. Es möchte auch verstehen, welche emotionalen Motive und Demotivationen und welcher Denktyp einen Menschen zu seinem Verhalten veranlassen.

Statistische Untersuchungen von Jan Scott an 800 Managern (»Der Lüscher-Test in der Personalauslese«, O. B. E., 1966, London) haben gezeigt, daß der Executive Manager ein Rot- und Grün-Denker ist; daß aber der Topmanager zu den Blau-Denkern gehört.

Karl J. Ehrhart, Heidenheim, weist auf die beiden unterschiedlichen Erfordernisse hin. Er schlägt vor, Executive-Management und Führung klar auseinanderzuhalten. Ehrhart schreibt: »Daß die Führung und das Executive-Management nicht dasselbe sind, ist schon daraus ersichtlich, daß nur der Führer zum Verführer werden kann. Das Mißmanagement hingegen ist kein Verführen, sondern ein fehlgeleitetes Handeln. Daher ist es falsch, Managementtechniken für Führungsstile zu halten. Der Executive-Manager ist die personifizierte Gebrauchsanleitung. Er ist der Anordner und Anleiter mit dem Zweck, daß das Unternehmen läuft und das Kosten-Nutzen-Verhältnis befriedigend ist. Führungsmanagement hingegen schafft die Voraussetzung dafür, daß die Motive der Menschen im Dienste der Unternehmensziele wirksam werden; daß sie wollen, was sie sollen.«

Führen erfordert neben den anderen drei Denktypen ein starkes Maß an reflexivem Denken über die soziologischen, ethischen, die ökonomischen und ökologischen Zusammenhänge im eigenen Unternehmen und mit den übergeordneten Systemen.

Das gelbe Denken ist das rezeptive, philosophische »Staunen«, das blaue ist das reflexive, philosophische Nachdenken (die *vita contemplativa)*. Es fragt nach dem Sinn und weiß: »Der eigentliche Sinn allen zweckhaften Tuns ist die Harmonie« – auch die Harmonie innerhalb der vier Denktypen.

Das 1-Farben-Denken

Das 1-Farben-Denken ist nicht nur fatal; es ist auch verführerisch. Es preist ein ideologisches Schnekkenhaus als ideologischen Himmel auf Erden an und gibt vor, die Sehnsucht nach geistiger Zufriedenheit zu stillen.

Das bequeme 1-Farben-Denken wird oft als »Ideologie« glorifiziert und trägt den verdächtigen Beinamen »-ismus«: Kapitalismus, Kommunismus, Hedonismus, Calvinismus, Neo-Faschismus usw.

Geistige Ruhekissen sind zwar mit Illusionen und Luft gefüllt, aber mit einem Sicherheitsventil, dem Dogma, hermetisch verschlossen. Doch gegen die Nadelstiche des Zweifels hält kein Ruhekissen dicht.

Darum werden Zweifler und Andersdenkende gefoltert und umgebracht.

Ideologische Modeschöpfer, die Puppen zum Tanzen bringen, werden prominent. Calvin (1509–1564) brachte dem braven Bürger bei, er gehöre zu den von Gott Auserlesenen, »Prädestinierten«, wenn er sich auf Kosten anderer bereicherte.

Gegen den von Platon bis zum Christentum und bis zu Hegel (1770–1831) vorherrschenden philosophischen Idealismus gab Karl Marx (1818–1883) Gegensteuer. Er brachte dem Proletarier bei, der Kapitalismus verursache nicht nur die ökonomische Struktur und die Gesellschaftsordnung, sondern auch den »ideologischen Überbau«. Seinen eigenen ideologischen Überbau machte er als »Kommunismus« attraktiv.

Diesen politischen Materialismus setzte Freud (1856–1939) mit seinem psychologischen Materialismus fort. Für ihn war der Mensch ein mit Sexualenergie betriebener Trieb-Mechanismus.

So eingeschränkt diese einzelnen Gesichtspunkte auch sein mögen, jeder Blickwinkel beleuchtet ein Stück Welt: Die Welt des Sex, des Geldes, der Macht und des religiösen Glaubens.

Wieviel reicher wird die Welt, wenn wir vom 1-Farben-Denken zum 4-Farben-Denken umschalten: Wenn wir die Zusammenhänge von Sex und Geld, von Geld und Macht, von Macht und Religion, von Religion und Sex verstehen lernen.

Wie der 1-Farben-Denker
die andern sieht

Leider verwenden viele vorwiegend nur einen einzigen Typ des Denkens. Sie sind 1-Farben-Denker. Sie haben einen beschränkten Blickwinkel. Darum verstehen sie die drei anderen Denk-Typen nicht und sind gegenüber deren Ansichten oft intolerant.
Es ist nützlich, den Blickwinkel und den jeweiligen Standpunkt zu erkennen. Es ist auch von Vorteil zu wissen, wie sich der 1-Farben-Denker selber sieht und wie er die drei anderen Denk-Typen beurteilt.

Der grüne, objektive Denker:
Er sagt von sich, daß er logisch, kritisch und sachlich denkt; daß seine Ansichten klar geordnet sind und daß er alles rational beweisen kann. Etwas »kritisch und objektiv« beurteilen ist für ihn das einzig gültige Denken.
Dem *gelben,* rezeptiven Denker wirft er vor, daß er oberflächlich sei und überhaupt nicht logisch denken könne; daß sein Denken ungeordnet sei und Gefühlen entspringe, die man rational nicht begründen und nicht beweisen könne.
Dem *roten,* provokativen Denker wirft er vor, er sei ein besessener Fantast; er gehe unüberlegte Risiken ein. Darum warnt er ihn vor Experimenten und unsicheren Spekulationen, da es ihm an den nötigen Erfahrungen fehle.

Den *blauen,* reflexiven Denker nennt er einen Träumer, einen Idealisten, der schöne Theorien entwickle, statt sich an die realen, rational faßbaren Fakten zu halten.

Der gelbe, rezeptive Denker:
Er ist der Meinung, daß man die Welt mit allen Sinnen erleben muß, um sie zu verstehen. Er findet, aus dem, was man sieht und erlebt, entstünden die wirklichen Erfahrungen. Auf die Empfindungen der Sinne kann man sich verlassen.

Dem *grünen,* objektiven Denker wirft er vor, er sei ein steriler Rechner und Pedant; das Leben sei viel reicher als das, was sich rational erklären lasse; man könne nicht alles berechnen und beweisen; es sei absurd, alles in Kästchen einzuordnen und logisch begründen zu wollen. Er findet, die grüne »Law-and-order«-Haltung gehe am wirklichen Leben vorbei.

Dem *roten,* provokativen Denker wirft er vor, es lohne sich nicht, große Pläne zu schmieden und gewaltsam durchsetzen zu wollen, denn morgen sei doch sowieso alles wieder anders. Darum solle man tolerant sein und die anderen machen lassen, wie es ihnen gefällt.

Dem *blauen,* reflexiven Denker wirft er vor, er solle nicht alles so ernst nehmen und hinterfragen; die Welt sei in ihrer anregenden Buntheit am interessantesten und schönsten; Theorien seien doch nur leere Hirngespinste.

Der rote, provokative Denker:
Er hält seine Ideen und Absichten für dringend nötig und allgemein wichtig. Er ist voll engagiert, die Idee, die er entwickelt hat, durchzusetzen und seine Vision zu verwirklichen.

Dem *blauen,* reflexiven Denker wirft er vor, zu theoretisieren, statt praktisch zu handeln und daß er vor lauter Nachdenken und Rücksichtnahme zu keiner Entscheidung und keiner praktischen Handlung komme.

Dem *gelben,* rezeptiven Denker wirft er vor, er sei kindlich verspielt; seine Einfälle seien gedankliche Spielereien, die keinen praktischen Nutzen hätten und niemandem zu etwas dienen.

Dem *grünen,* objektiven Denker wirft er vor, er verliere sich in Einzelheiten, die für die Praxis unwichtig seien, denn »probieren gehe über studieren«. Den Erfolg könne man nicht errechnen, er hänge vom persönlichen Eisatz ab.

Der blaue, reflexive Denker:
Er hält sich für einen beschaulichen, wohlwollenden Menschen, der die Dinge in Ruhe abwägt und von einem übergeordneten, gerechten Gesichtspunkt zu beurteilen versucht.

Dem *roten,* provokativen Denker wirft er vor, daß er voreilig entscheide und handle, und daß er ungeduldig sei und aggressiv vorgehe.

Dem *grünen,* objektiven Denker wirft er vor, daß ihm

das intuitive Verständnis abgehe, die Menschen richtig einzuschätzen und die großen Zusammenhänge zu erkennen.

Dem *gelben,* rezeptiven Denker wirft er vor, daß er sich im Vielerlei seiner Interessen zersplittere und die Dinge nur oberflächlich als Anregung benütze, statt sich in Ruhe in das Wesen der Sache zu vertiefen.

Das 4-Farben-Denken

Der 4-Farben-Denker benützt alle vier Denktypen: das gelbe, rezeptive, das grüne, objektive, das rote, provokative und das blaue, reflexive Denken. Er will die Wirklichkeit, die Aufgabe oder das Problem mit allen vier Denkarten verstehen.

Die Vierheit bildet eine Ganzheit (siehe Begründung im 2. Teil). »Das Ganze ist mehr als die Summe aller Teile«, diese Einsicht gilt auch für das 4-Farben-Denken. Es ist mehr als nur die Anwendung der vier einzelnen Denktypen. Die Verbindung jedes Denktyps mit jedem anderen bildet eine Denkstruktur. So entstehen aus den vier Denktypen sechs Denkstrukturen:

das rationale Denken	das intuitive Denken
das geregelte Denken	das spekulative Denken
das analytische Denken	das kreative Denken

Übersicht über die vier Denktypen und die sechs
Denkstrukturen

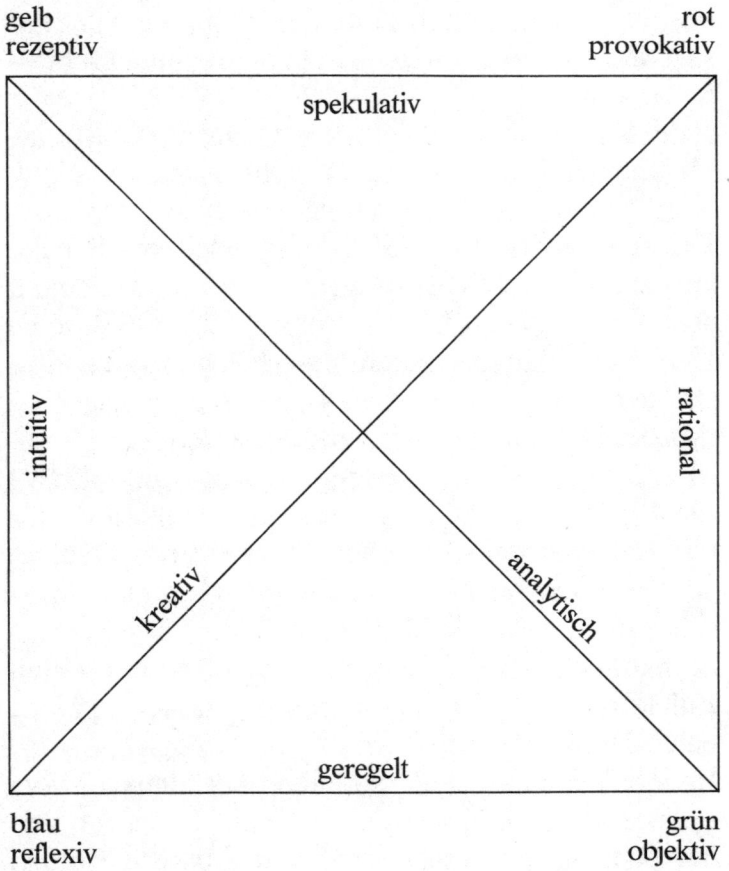

Das rationale Denken

Seit den Gehirnforschungen von J. Eccles (geb. 1903) nimmt man an, daß das rationale Denken in der linken und das intuitive Denken in der rechten Gehirnhälfte ablaufe.

Jeder Planer, der Ingenieur, der Manager, der Marktforscher und die Hausfrau, die ihre Einkäufe plant, sie alle benützen das bewußte, rationale Denken.

Um die Einkaufsliste aufzustellen oder eine Brücke zu berechnen, reicht das grüne, objektive Denken aus. Damit aber O. H. Amman (1879–1965) seine 1280 Meter lange Golden-Gate-Hängebrücke konstruieren konnte, war zusätzlich noch ein anderes rationales Denken erforderlich. Das, welches die Amerikaner »to think big« nennen: das rote, provokative Denken. Es ergänzt das grüne Fachwissen durch das rote Ergreifen des Möglichen. Das grün-rote Denken ist keine Schwärmerei, sondern das rationale Ausschöpfen der Möglichkeiten.

So hat auch A. G. Eiffel 1889 den 300 Meter hohen Eiffelturm in Paris mit dem grünen und roten, rationalen Denken konstruiert.

Rationale Denker sind grüne Rechner mit roter Vorstellungskraft und Fantasie, aber keine Fantasten. Als der Schweizer Physiker Professor Auguste Piccard (1884–1962), der Mann, der als erster am höchsten hinauf und am tiefsten hinunter gestiegen ist, gefragt wurde, ob er bei diesen Abenteuern keine Angst ge-

habt habe, antwortete er: »Wieso? Es war ja alles genau berechnet.«
Der rationale Denker darf nicht mit dem ängstlichen, grünen 1-Farben-Denker verwechselt werden, der nur auf defensive Sicherheit aus ist. Der Rationalist denkt grün und auch rot. Er benützt sein bewußtes Denken, um aufgrund fundierter Daten alle Möglichkeiten auszuschöpfen. Er ist ein vernünftiger Unternehmer und initiativer Schmied seines Glücks.

Das intuitive Denken

Dem rationalen Denken sind Grenzen gesetzt, die das intuitive Denken überschreitet.
Der Mensch ist keine berechenbare Konstruktion. Darum erfordert die Menschenbeurteilung oder die Beurteilung nicht meßbarer Zusammenhänge ein intuitives Verstehen. Politische und wirtschaftliche Führungskonzepte, die den ethischen und gesellschaftlichen Erfordernissen dienen, sind nicht kalkulierbar. Sie können aber aufgrund einer kultivierten Gesinnung und mit dem intuitiven Denken entwickelt werden.
Wenn sich das gelbe, rezeptive und das blaue, reflexive Denken verbinden, also wenn sich das aufmerksame Beobachten und das Verstehen der Zusammenhänge ergänzen, bilden sich intuitive Einsichten.
Um zu verstehen, was eine Intuition ist, muß man

wissen, daß Empfindungen immer durch unbewußte Vergleiche entstehen. Die vielfache Wiederholung dieser unbewußten Urteile führt zu unbewußten Erfahrungen.

Es entstünde aber keine Intuition, wenn sich nicht das gelbe Denken, die Aufmerksamkeit und Aufgeschlossenheit, mit dem blauen, reflexiven Denken verbände. Eine reiche Erfahrung als Vergleichsbasis und das reflexive Verstehen der Zusammenhänge, sind die Voraussetzungen, damit der zündende Blitz, die Erleuchtung, der intuitive Einfall eintreten kann. Ausführlich beschrieben sind die Voraussetzungen für die theoretische, die praktische, die künstlerische und die psychologische Intuition ab der 3. Auflage in »Das Harmoniegesetz in uns« (ECON Verlag).

Das geregelte Denken

Das Metermaß und die Stunde, der Montag und das Schaltjahr, der Gesetzesparagraph und die Bestimmung der Menschenrechte, sie alle sind vom Menschen geschaffen, damit durch ein geregeltes Leben mehr Sicherheit bestehen kann. Die kulturellen Errungenschaften, die eingeübte Zivilisation und die Tradition zur Bewahrung der gesellschaftlichen und ethischen Werte, all das verdanken wir dem geregelten Denken.

Unsere Vorfahren haben sie erdacht und erkämpft.

Uns sind sie überliefert, damit wir sie nutzen, bewahren und weitergeben. Das ist der Sinn des konservativen, geregelten Denkens. Ohne das geregelte Denken gäbe es keine Rechtsordnung. Die hohe Zivilisation unseres gesellschaftlichen und wirtschaftlichen Zusammenlebens wäre unmöglich.

Das geregelte Denken erfordert beides: das reflexive Verstehen der sozialen, der ökonomischen und ökologischen Zusammenhänge und das objektive Festlegen durch Übereinkünfte, Verträge und Gesetze. Beide sind nötig: das blaue, reflexive und das grüne, objektive Denken.

Wie oft sieht man, daß sich Menschen selber schaden, weil sie das blau-grüne, geregelte Denken aus Bequemlichkeit oder Eigensinn mißachten. Sie sind unpünktlich und unzuverlässig. Dadurch enttäuschen sie die Erwartungen, die man an einen ernst zu nehmenden Partner oder Mitarbeiter stellt. Wer den Wert des konservativen, geregelten Denkens verkennt, wird wegen seiner Unzuverlässigkeit gemieden. Wer die Regeln mißachtet, ist nicht vertrauenswürdig. Wer den Wert des geregelten Denkens ablehnt, wird zum Anarchisten und schließlich zum Chaoten.

Das spekulative Denken

Der spekulative Denker muß ins kalte Wasser springen. Auf den festen Boden der Erfahrung muß er verzichten.

Christoph Columbus (1451–1506) war ein Spekulant. Bekanntlich hat er zwar Indien nicht gefunden, dafür aber Amerika entdeckt. Die Goldgräber, die Börsenmakler und gewitzten Kaufleute sind Spekulanten. Sie sind Abenteurer, aber keine Glücksspieler. Sie überlassen den Erfolg nicht dem Zufall, sondern beobachten und studieren die Situation, die Verhältnisse oder Trends und wagen es, die daraus gewonnenen Ideen auszuführen.

Der Spekulant ist ein gelber, rezeptiver Beobachter, der den Erfolg oder Mißerfolg seinen provokativen Ideen verdankt. Er entdeckt die Marktlücken und wird reich und reicher. Dann übernimmt er sich oft; aber er ist bald wieder oben. Der reguläre Handel interessiert ihn nicht. Aber Gelegenheiten, Okkasionen, schnelle große Geschäfte und Transaktionen faszinieren ihn. Er hinterläßt entweder halbfertige Riesenbauten und ungläubige Gläubiger oder einen Reichtum, den er nie genossen hat; denn sein rotes, provokatives Denken: »Warum nicht besser? Warum nicht mehr?« läßt ihn nie zur Ruhe kommen. Sein rezeptives Beobachten und provokatives Aufgreifen einer Idee lassen ihn immer neue Möglichkeiten des Erfolgs entdecken. »Das Geld liegt auf der

Straße. Man muß es nur nehmen«, das ist die Erfahrung, die er mit seinem spekulativen Erfolgsdenken gemacht hat.
Auch Politiker beherrschen das spekulative Denken, doch vertun sie viel Zeit mit Spiegelfechtereien.

Das analytische Denken

Nach der Zeit der großen »Dichter und Denker« ist die große Zeit der Analytiker und Techniker gekommen.
Das analytische Denken beginnt mit dem rezeptiven Beobachten. Dann ordnet es die Fakten einem definierten, objektiven System zu. Diese Verbindung heißt Forschen. Ist die Verbindung von gelbem Beobachten und grünem Zuordnen wiederholbar und überprüfbar, entstehen Erfahrungen.
Erfahrungen führen zum Wissen. Forschen, um zu wissen, ist der Sinn der Wissenschaft. Wenn dem gelb-grünen, analytischen Forschen das blaue, reflexive Nachdenken über die Zusammenhänge folgt, wird das Wissen immer größer und unsere Bedeutung im Universum immer bescheidener. Dieses nachdenkliche, reflexive Wissen heißt: Weisheit. Es ist die Weisheit, die wir als Sinnverständnis verehren. Sie will dem Leben gerecht werden, dem Menschen und der Natur, der Humanität und der Ökologie.
Ganz anders benützt wird hingegen die gelb-grüne

Forschung vom roten, provokativen Denken. Dem rationalen, rot-grünen Denken geht es um die Anwendung der Wissenschaft, um die Technik. Dem rot-grünen Macher dient die Forschung zur Entwicklung und technischen Nutzung.

Dabei ist der Computer, der ebenso wie das analytische Denken Daten sammelt und durch Programme ordnet, ein gigantischer Gehilfe. Er hat den Sprung von der biederen Mechanik zur High Technology ermöglicht und die Chemie so explosiv entwickelt, daß sie uns mit Umweltsorgen bedroht.

Das einseitig provokativ-analytische Denken läuft Gefahr, selbstherrlich und überheblich zu werden. Mit der Arroganz, »sich die Erde untertan zu machen« und sie auszubeuten, wird das ökologische Gleichgewicht – die Harmonie um uns herum – zerstört.

Die Angst vor der äußeren Katastrophe und vor der inneren Sinnlosigkeit kann durch die verschwenderische Konsumsucht nur betäubt, aber nicht behoben werden. Das kreative Denken zeigt den Ausweg aus der Sackgasse.

Das kreative Denken

Die Fähigkeit, kreativ zu denken, erweckt die größte Bewunderung.

Wie kommt ein Mozart, Schubert oder Strawinsky

zu seinen Melodien, ein Charly Chaplin zu seinen Einfällen, ein Albert Einstein zu seinen Einsichten? Wie können sich Feuer und Wasser, das provokative und das reflexive Denken, Rot und Blau zur Synthese ergänzen?

Wenn das eigenwillige, provokative, rote Denken auf eigenen Wegen Zusammenhänge entdeckt oder darstellt, dann ist es eine kreative Leistung.

Wenn ein Forscher mit einer neuen Methode eine Einsicht gewinnt oder einen Fortschritt erzielt, dann ist es eine kreative Tat.

Wenn Künstler – zum Beispiel die Impressionisten – mit neuen Stilmitteln die erlebte Wirklichkeit zum Ausdruck bringen, dann sind sie *kreativ*.

Wer mit bekannten Mitteln Neues gestaltet, ist *innovativ*.

Wer hingegen mit bekannten Mitteln bekannte Aussagen wiederholt, ist *imitativ*.

Einen Pullover stricken oder Schnittlauch selber pflanzen ist löblich, aber nicht kreativ.

Das kreative Denken ist die rote Provokation der blauen Harmonie. Es provoziert die Ursprünglichkeit: die Originalität.

Kreativität ist Engagement: im Sinne von Rot als provokative Intensität und im Sinne von Blau als innige Verbundenheit.

Kreativität schließt Sinnlosigkeit aus. Sie ist die Liebe zum Leben und für viele geniale Menschen »der Königsweg der Flucht«. So schreibt Graham Greene:

»Ich kann mir nicht vorstellen, wie all diejenigen, die nicht schreiben oder komponieren oder malen, dem Irrsinn der Melancholie und der panischen Furcht entgehen können, die zur Situation des Menschen gehören.«

4. Teil: Die Harmonie im Unternehmen

Das ganzheitliche Betriebssystem

Die vier Quadranten entstanden aus den psychologischen Raum-Zeit-Relationen. Daher sind sie eine Ganzheit. Die gegenseitigen Beziehungen innerhalb einer Ganzheit heißen System. Die vier Quadranten sind daher ein Ganzheitssystem.

Wenn wir ein Unternehmen als Ganzheitssystem verstehen und gestalten wollen, müssen wir den Betrieb zunächst in diese vier Quadranten gliedern. Jeden der vier Quadranten werden wir später (im 6.Teil) nach demselben System untergliedern.

In dieser ganzheitlichen Unternehmensorganisation sind die einzelnen Methoden enthalten, wie z.B. die Linien- und Stabsfunktionen, die Unité de doctrine, die Human Relations, die Strategien, das Management by ... und so weiter. Sie alle haben darin ihren logisch notwendigen Platz und stehen zueinander in einer zwingenden Abhängigkeit.

Um das zu verstehen, ist es nötig, die Bedeutung der vier Quadranten als Betriebssystem kennenzulernen.

Im Quadrantenquadrat sind die Farben und die betriebssystematischen Begriffe folgendermaßen eingeordnet:

	heteronom– rezeptiv	autonom– direktiv
variabel	Gelb AUFNEHMEN (Zum Beispiel Marktbeobachtung)	Rot AUSFÜHREN (Zum Beispiel Produktion/Dienstleist.)
konstant	Blau VERSTEHEN (Zum Beispiel Personal)	Grün ORDNEN (Zum Beispiel Administration)

Der Quadrant, den wir als rezeptiv-heteronome Einstellung bei wechselnden, neuen Beziehungen kennengelernt und mit der gelben Farbe markiert haben, bedeutet in der betriebssystematischen Terminologie AUFNEHMEN. Der gelbe Quadrant Aufnehmen umfaßt jede Art des Sich-Informierens, alles, was sich aus der Marktbeobachtung ergibt.

Der Quadrant, den wir als direktiv-autonom und konstant mit der Farbe Grün markiert haben, bedeu-

tet betriebssystematisch: ORDNEN. Der grüne
Quadrant Ordnen umfaßt alles, was geordnet, festge-
legt und verwaltet werden muß. Er enthält jede Art
von Administration.

Der Quadrant, den wir als rezeptiv-heteronom und
konstant mit der Farbe Blau gekennzeichnet haben,
bedeutet betriebssystematisch VERSTEHEN. Der
blaue Quadrant Verstehen umfaßt alles, was zur Verständigung und zu einer befriedigenden Gemein-
schaft erforderlich ist.

Der vierte Quadrant, den wir als direktiv–autonom
gegenüber allen wechselnden Beziehungen mit der
Farbe Rot markiert haben, bedeutet in der betriebssystematischen Terminologie AUSFÜHREN. Der
rote Quadrant Ausführen umfaßt alles, was die Produktion oder die Dienstleistung betrifft.

Je nach der Art des Unternehmens liegt das Schwer-
gewicht in einem anderen Quadranten. Bei einer
Werbeagentur ist der gelbe Quadrant, die variable
und heteronom-rezeptive »Aufnahme« der aktuellen
Trends, wichtig.

Bei einem Bankunternehmen muß der grüne Quadrant »Ordnung und Administration« das Schwer-
gewicht haben. In einem Sozialamt wird es der blaue
Bereich »Verstehen« sein. In einer einfachen Werk-
statt ist es der rote »Ausführungs-Produktions«-
Quadrant.

Die Unternehmenskultur

Jeder der vier Quadranten ist Teil des Ganzen. Die ganzheitliche Betrachtung ist eine philosophische Schau (Theoria). Der Philosophie geht es nie um Nutzen, Erfolg oder Profit. Darum ist es ein Widersinn und Mißbrauch, von Unternehmens-»Philosophie« oder von der »Philosophie« einer Marke zu sprechen. *Was fälschlich als »Unternehmensphilosophie« bezeichnet wird, sind immer nur Strategien oder Ideologien eines Unternehmens.*
Echte Philosophie bemüht sich um das Sinnverständnis. Sie unterscheidet vier Arten:
    das logische Sinnverständnis
    das ethische Sinnverständnis
    das ästhetische Sinnverständnis
    das praktische Sinnverständnis.
Jedem Sinnverständnis geht es um das Verstehen und Erleben der Zusammenhänge: der Harmonie. Das Erleben von Harmonie heißt Freude. Durch alle vier Arten des Sinnverständnisses erleben wir Freude.
Wo das harmonische Sinnverständnis fehlt, besteht Disharmonie, Sinnlosigkeit und letztlich Chaos.

Während sich Philosophie auf das Sinnverständnis beschränkt, geht es der Kultur um dessen Anwendung. Kultur heißt Förderung und Pflege. Es ist die Förderung und Pflege des Sinnverständnisses.

Jedes Sinnverständnis bedeutet Harmonie. Jede Harmonie wird als Freude erlebt. Deshalb wird die Förderung und Pflege des Sinnverständnisses, die Kultur, stets als erfreulich empfunden.

Das gilt auch für jedes Unternehmen. Alles, was in einem Unternehmen erfreulich ist, das logische Konzept, das ethisch gute Einvernehmen der Mitarbeiter, jede ästhetisch schöne Gestaltung und jedes praktische Gelingen, zeugt von Unternehmenskultur, das Unerfreuliche dagegen von Unkultur.

Unternehmenskultur besteht, insofern das logische, das ethische, das ästhetische und das praktische Sinnverständnis kultiviert, das heißt gefördert und gepflegt wird.

Die vier Arten des Sinnverständnisses entsprechen den vier Quadranten:

Das logische Sinnverständnis findet seine Anwendung im Quadranten ORDNEN. Hier werden die Daten analysiert und in ihren logischen Zusammenhängen definiert, zum Beispiel als Buchhaltung oder als Struktur des Unternehmenssystems (Organigramm).

Das ästhetische Sinnverständnis findet seine Anwendung im Quadranten AUFNEHMEN. Hier geht es um das Verständnis all dessen, was wahrgenommen wird, zum Beispiel das Erscheinungsbild (Corporate Identity) und die Darstellung (Design).

Das praktische Sinnverständnis findet seine Anwendung im Quadranten AUSFÜHREN. Hier geht es um das technisch-virtuose Können, um die Geschicklichkeit, die Fertigkeit und das Know-how, zum Beispiel um den Umgang mit einem Werkzeug oder die Bedienung eines Apparates.

Das ethische Sinnverständnis findet seine Anwendung im Quadranten VERSTEHEN. Hier geht es um das Verständnis der sozialen Beziehungen, zum Beispiel als Human Relations und als Kommunikation.

Die inhaltliche Erläuterung der ethischen Unternehmenskultur leitet sich aus den vier normalen Selbstgefühlen ab:
Selbstachtung, Selbstvertrauen, innere Freiheit und Zufriedenheit.
Diese vier Selbstgefühle verbinden sich im sozialen Verhalten zu den sechs ethischen Grundnormen.
Die »10 Gebote« sind in diesen enthalten. (Begründung siehe Lüscher: »Der 4-Farben-Mensch«.)

Aufgeschlossenheit   Gerechtigkeit

Aufrichtigkeit   Wohlwollen

Toleranz   Verantwortung

Aus den vier normalen Selbstgefühlen an den Ecken des Quadrates ergeben sich die sechs ethischen Grundnormen in folgender Weise:

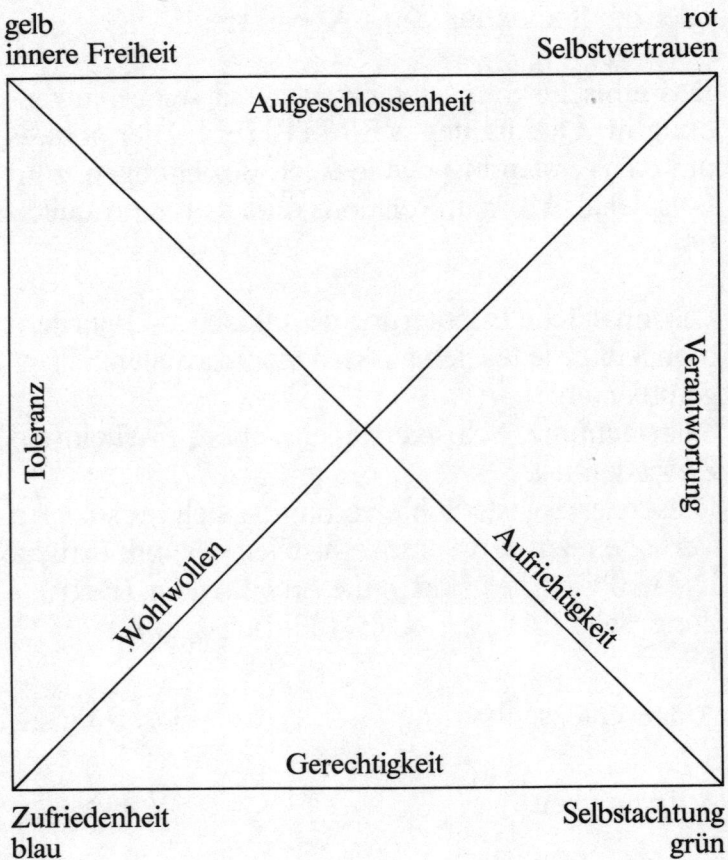

Die Vektoren und das Zentrum des Unternehmens

Alle Tätigkeiten sind Beziehungen zwischen den vier Quadranten und auch innerhalb jedes einzelnen Quadranten. Wir werden diese dynamischen Beziehungen künftig mit dem Begriff *Vektor* bezeichnen.

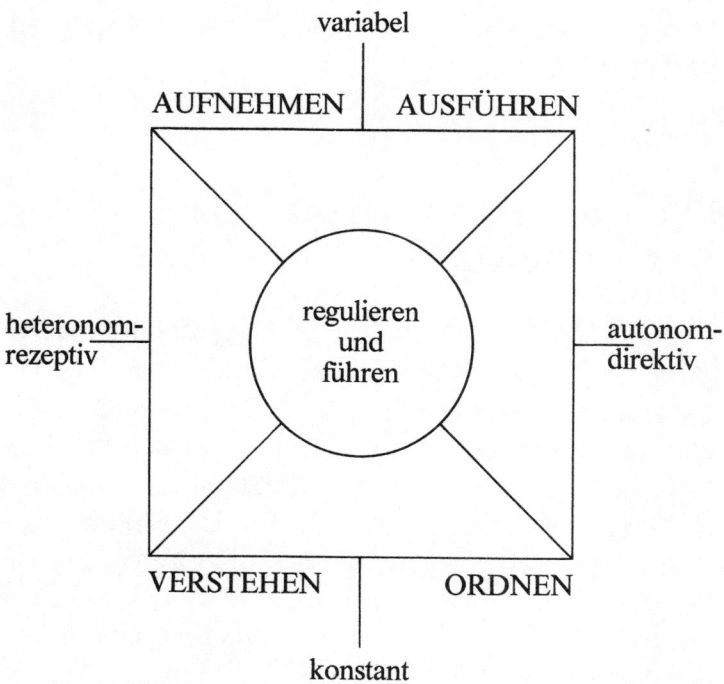

Die Verbindungslinien zwischen den vier Ecken des Quadrates (die vier Seitenlängen und die beiden Diagonalen) ergeben die sechs Hauptvektoren. Sie entsprechen den Hauptaufgaben des Unternehmens.

Das Zentrum des Systems ist die Selbstregulation zwischen autonom-direktiv und heteronom-rezeptiv sowie konstant und variabel. Hier im Zentrum steht auch die Unternehmensleitung. Sie ist bestrebt, jedem Mitarbeiter seine Art von Selbstbestätigung zu ermöglichen. Sie ist dadurch optimal motivierend und erfolgreich.

Die sechs Hauptvektoren eines Unternehmens

Der *UNTERNEHMENSZWECK* besteht in der festgelegten Absicht, was innerhalb des übergeordneten ökonomisch-ökologischen Systems unternommen werden soll (Produktion oder Dienstleistung). Die Ordnung (grün) als festgelegte Absicht und die Ausführung (rot) ergeben den Vektor Unternehmenszweck, die rechte Seitenlinie des Quadrates.

Die *UNTERNEHMENSPLANUNG* setzt eine möglichst umfassende Information (gelb) voraus, die kritisch analysiert und als Ordnung (grün) strukturiert werden muß. Im Quadrat bildet die Planung den diagonalen Vektor von links oben nach rechts unten.

Die *UNTERNEHMENSADMINISTRATION* erfüllt die Regeln, nach denen das Unternehmen geführt werden soll. An der unteren Kante des Quadrates aus Verstehen (blau) und Ordnen (grün) bildet sich der Vektor der Administration.

Die Administration betrifft zwei Bereiche. Im Quadranten des Ordnens (rechts) regelt sie das Finanz- und Rechnungswesen. Hierher gehört auch das Controlling. Im Quadranten des Verstehens (blau) auf der linken Seite verwaltet sie die Personalbetreuung.

Die *UNTERNEHMENSSTRATEGIEN* und deren Entwicklung erfordern einen ständigen Veränderungsprozeß: Das »Aufnehmen« der technisch-ökonomischen und sozialen Bedingungen auf dem Markt führt zur Planung der Produktion oder Dienstleistung. An der oberen Kante des Quadrates stehen Aufnehmen (gelb) und Ausführen (rot). Sie ergeben die Marktstrategien und zum Beispiel den Soll-Ist-Vergleich.

Die *UNTERNEHMENSKOMMUNIKATION* besteht in der Art, wie die Angehörigen des Unternehmens miteinander verkehren. Echte Kommunikation erfordert die Bereitschaft zur Aufgeschlossenheit (gelb) und die Verständnisbereitschaft (blau). Die linke Seitenlinie des Quadrates ist der Vektor des Kommunizierens, zum Beispiel als Aufgabe des Informationsmanagements (Management Information System).

Die *UNTERNEHMENSMOTIVATION* erfordert das Verstehen (blau) der Ziele und Strategien. Dadurch entsteht die Motivation zur Ausführung (rot). Im Quadrat entspricht der diagonale Vektor von links unten nach rechts oben der Selbstmotivation, zum Beispiel bei der Arbeitsvorbereitung und Produktionsplanung.

Übersicht über die vier Grundfunktionen und die
sechs verbindenden Vektoren

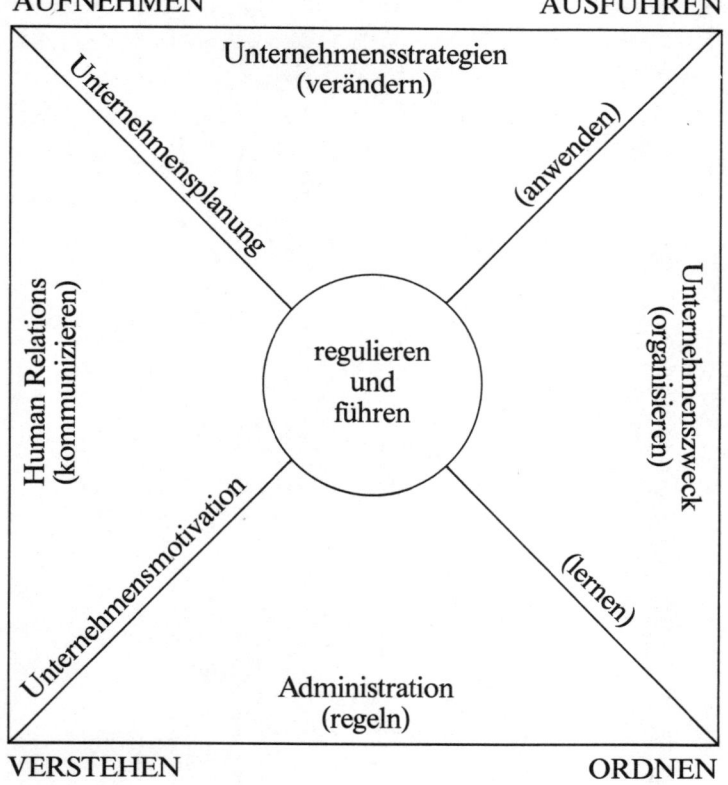

5. Teil: Die Motivation

Die sechs Motivationsvektoren

Im Gegensatz zur sachlich oder ethisch begründeten, objektiven Motivation dient die subjektiv-persönliche Motivation der Selbstbestätigung.
Im nachfolgenden Quadrat stellen die sechs Verbindungslinien die sechs *Vektoren* der Selbstbestätigung dar.

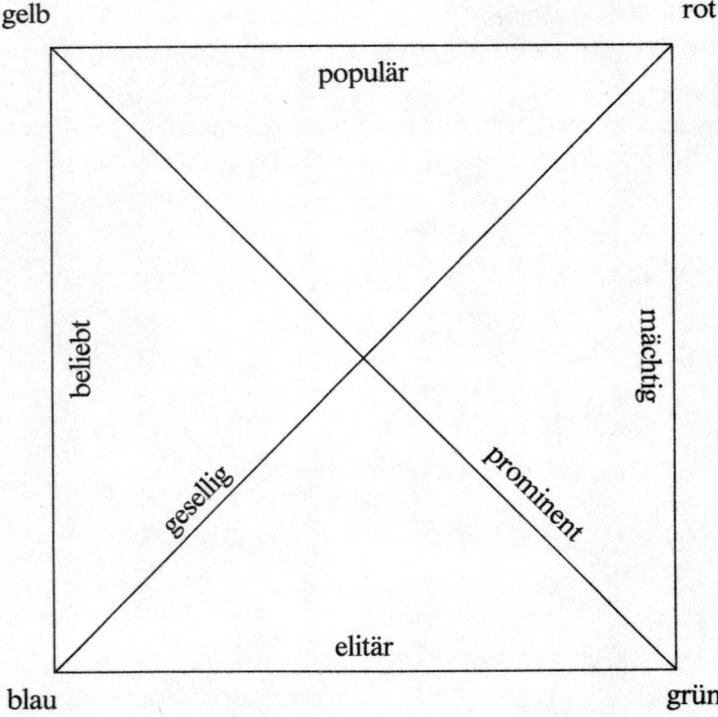

Ein äußerer Anlaß, etwa die Aussicht auf eine Gehaltserhöhung oder eine Beförderung, ist – genaugenommen – nicht in der Lage zu motivieren. Er kann nur dann Auslöser zur Selbstmotivation werden, wenn der Angesprochene darin eine Selbstbestätigung sieht. Wer überzeugt ist, daß er genug Geld hat, den kann man damit nicht locken. Wer die Gesellschaft kritisch oder abschätzig sieht, der ist für deren Ehrenämter nicht zu gewinnen. Nur solche Anlässe können einen Menschen motivieren, die seiner persönlichen Selbstbestätigungsstruktur entsprechen. Ein Politiker, der nach Macht strebt, wird hauptsächlich für solche Gelegenheiten motivierbar sein, die ihm Einfluß ermöglichen. Weil es seinem Machtbedürfnis dient, will er sich zusätzlich als prominent profilieren, oder er will populär wirken. Er wird sich aber hüten, elitär zu erscheinen, weil er sich dadurch von den Wählern distanzieren würde.

Ein Angestellter, der eine elitäre Selbstbestätigungsstruktur hat, wird spontan motiviert sein, wenn er als kompetenter Fachmann gefragt wird und sich dadurch als Experte anerkannt fühlen kann.

Wer in der Allgemeinheit beliebt sein möchte, fühlt sich aufs stärkste motiviert, wenn er zum Beispiel im Empfang Kontakte und Telefonate vermitteln oder im Personalbereich eine fürsorgliche Helferrolle spielen kann oder die Human Relations fördern soll.

Die Charakteristik der sechs Motivationen

In der nebenstehenden Tabelle werden die sechs Motivationen in Stichworten erläutert. Am Anfang stehen die beiden Farben, zwischen denen die Linie liegt.

Zwischen Blau und Grün steht die elitäre Haltung. Der Elitäre spielt die Rolle des Experten. Er will gefragt werden. Er vertritt meist eine konservative Ideologie. Sein Ziel ist die Anerkennung.

Die gegenüberliegende Verbindungslinie zwischen Gelb und Rot beschreibt den entgegengesetzten Typ, der rührig ist, sich als populär hervortun will und meist eine progressive Ideologie verkündet.

Der gesellige Unterhalter gibt sich sozial und leutselig, weil er »in« und dabei sein will (Blau und Rot).

Der prominente Star hingegen strebt nach Überlegenheit. Darum ist er belehrend und dogmatisch (Grün und Gelb).

Wer beliebt sein will (Blau und Gelb), versucht als fürsorglicher Helfer die Sorgen zu beheben.

Mächtig zu sein ist die Motivation des Führers, der befehlen und erobern will (Grün und Rot).

Die Charakteristik der sechs Motivationen

Farben	Haltung	Rolle	Motiv	Ideologie	Ziel
blau/grün	elitär	Experte	will gefragt werden	konservativ	Anerkennung
rot/gelb	populär	Rühriger	will verkünden	progressiv	Entwicklung
blau/rot	gesellig	Unterhalter	will dabei sein	sozial	Leutseligkeit
grün/gelb	prominent	Star	will belehren	dogmatisch	Überlegenheit
blau/gelb	beliebt	Helfer	will unterstützen	fürsorglich	Sorglosigkeit
grün/rot	mächtig	Führer	will befehlen	autoritativ	Eroberung

Der richtige Mensch
an den richtigen Platz

Es ist erstrebenswert, bei jedem Mitarbeiter zu erkennen, welcher von den sechs Selbstbestätigungs-
vektoren ihn motiviert. Jeder der sechs Motivations-
vektoren verlangt nach einer ihm entsprechenden
Tätigkeit in einem der vier betriebsorganisatorischen
Quadranten. Wer nach Macht strebt, kann Leiter des
Magazins, des Wagenparks, der Hausfeuerwehr
oder des Unternehmens sein. Je nach seinen allge-
meinen Fähigkeiten soll er in demjenigen Quadranten eingesetzt werden, in dem er seine Machtmotiva-
tion am besten verwirklichen kann.

Im gelben Quadranten »Aufnehmen–Marketing«
wird er die Verkaufsorganisation leiten.
Im grünen Quadranten »Ordnung–Administration«
wird er für die Kontrolle oder für die Beschaffung
und Sicherstellung der Bedarfsdeckung zuständig
sein.
Im blauen Quadranten »Verstehen–Personal« wird
er sich im Betriebsrat für die Mitbestimmung und
Mitarbeiterbeteiligung verantwortlich fühlen.
Im roten Quadranten »Ausführung–Produktion«
wird er für die Logistik zuständig sein.

Wichtig ist, daß der Motivationsvektor des Mitarbeiters und der Funktionsvektor des Unternehmens
übereinstimmen, also dieselbe Richtung haben.

Bei Umbesetzungen des Personals sind deshalb beide Möglichkeiten zu erwägen: Soll der Arbeitsbereich (Quadrant) beibehalten werden, selbst wenn der Motivationsvektor dem Mitarbeiter widerspricht, oder ist es besser, einen neuen Arbeitsbereich zu finden, in dem der Funktionsvektor mit dem Motivationsvektor des Mitarbeiters übereinstimmt. Dem entspricht Höhns wichtige Warnung, eine Stelle nicht *ad personam*, sondern *ad rem* zu besetzen. Zur sachlichen Stellenbeschreibung *(ad rem)* gehört künftig auch die motivationspsychologische Personalbeschreibung *(ad personam)*.

Die harmonische Unternehmensführung

Das funktionale Betriebssystem stellt die Unternehmensführung in die Mitte. Hier findet auch eine weitgehende Selbstregulation unter den Schnittstellen statt. Das wird durch die Selbstmotivation der Mitarbeiter begünstigt. Sie sind daran interessiert, den Informationsfluß zu fördern und Hindernisse zu beseitigen.

Das funktionale System und die dazu kongruente Selbstmotivation bewirken eine größere Selbst- und Mitverantwortung der Mitarbeiter als die bisherigen hierarchisch-autoritären Organigramme.

Darum führt das funktionale Regulationssystem als
»Harmoniegesetz in uns«, wenn es auf die Selbstmotivation und auf das Unternehmen angewendet wird,
zu einer fruchtbaren und befriedigenden Funktion
des Betriebes.

6.Teil: Die 24 Vektoren des Unternehmens

Übersichtstabellen

Die nachfolgenden Übersichtstabellen sollen dem Unternehmensleiter helfen, die einzelnen Bereiche im funktionellen Zusammenhang (in den Funktionsvektoren) zu überblicken.

Der Überblick soll auch dazu beitragen, das demotivierende Kästchendenken mit starren Kompetenzorganigrammen zu überwinden.

In jedem Unternehmen soll jeder der vier Quadranten angemessen berücksichtigt werden. Für eine Werbeagentur ist der gelbe Quadrant (Aufnehmen) wichtiger, für ein Verwaltungsunternehmen der grüne (Ordnen), für eine soziale Institution der blaue (Verstehen) und für ein Industrieunternehmen der rote Quadrant (Ausführen). Aber keiner darf in seiner Notwendigkeit unterschätzt werden.

Für dieselben Funktionsvektoren werden bei einem Produktions- oder einem Handels- oder einem Dienstleistungsunternehmen teilweise andere Bezeichnungen verwendet. Zum Beispiel: Der grün-rote Vektor (Organisieren) heißt im gelben Marketing-Quadranten bei Produktions- und Handelsunternehmen »Distribution« oder »Absatz«. Dieselbe Absicht bezeichnet man im Dienstleistungsunternehmen als »Verkaufsaußendienst« oder »Kundenberatung«.

In der zweiten Tabelle sind die sechs Vektoren in Kolonnen gegliedert. In jeder senkrechten Kolonne stehen unter dem Farbvektor der entsprechende Motivations- und der dazugehörige Funktionsvektor sowie die Anwendungsbereiche innerhalb der vier Quadranten: gelb, grün, blau und rot.

Um für den »richtigen Menschen den richtigen Platz« zu finden, wird man sich zuerst bemühen, den genauen Motivationsvektor des Mitarbeiters zu erkennen und ihm dann einen entsprechenden Funktionsvektor zuzuordnen.

Unsere Lebensqualität ist weitgehend davon abhängig, ob uns die Tätigkeit und die Beziehung zum Mitmenschen Freude und Befriedigung bringen. Die eigene Voraussetzung hierfür ist die Harmonie der Selbstgefühle (Selbstachtung, Selbstvertrauen, innere Freiheit und Zufriedenheit) und das Sinnverständnis: das Verstehen und Erleben der Zusammenhänge als Harmonie. Aus diesem Verstehen erwächst die kultivierte Lebensgestaltung und Unternehmensführung. Sie ist erfolgreich und auf Dauer gewinnbringend, wenn Kunden wie Mitarbeiter zufrieden sind. Dieses Buch möchte einen Beitrag dazu leisten, diesen schwierigen Balanceakt zu meistern.

Für die begeisterte und freundschaftliche Zusammenarbeit bei der Bestimmung der Funktionsvektoren und der Gestaltung dieses Buches möchte ich den beiden Unternehmensleitern Karl Josef Ehrhart, Edelmann GmbH, Heidenheim, und Rolf Tauss, Neue Zürcher Zeitung Fretz AG, Zürich, sehr herzlich danken.

AUFNEHMEN

verändern

Marketing-Taktik, Werbung

Marketing-Strategie

Öffentlichkeitsarbeit (PR)

Verkauf/Absatz/Akquisition

Analyse, Produktpositionierung

Forschung

gelber Quadrant

kommunizieren

lernen

Kundenberatung

anwenden

Unternehmenspolitik

interne Kommunikation

Schulung und

Weiterbildung

blauer Quadrant

Verstehen der Unternehmensziele

Personalauslese

Mitbestimmung/Mitverantwortung

Personalbetreuung

VERSTEHEN

regeln

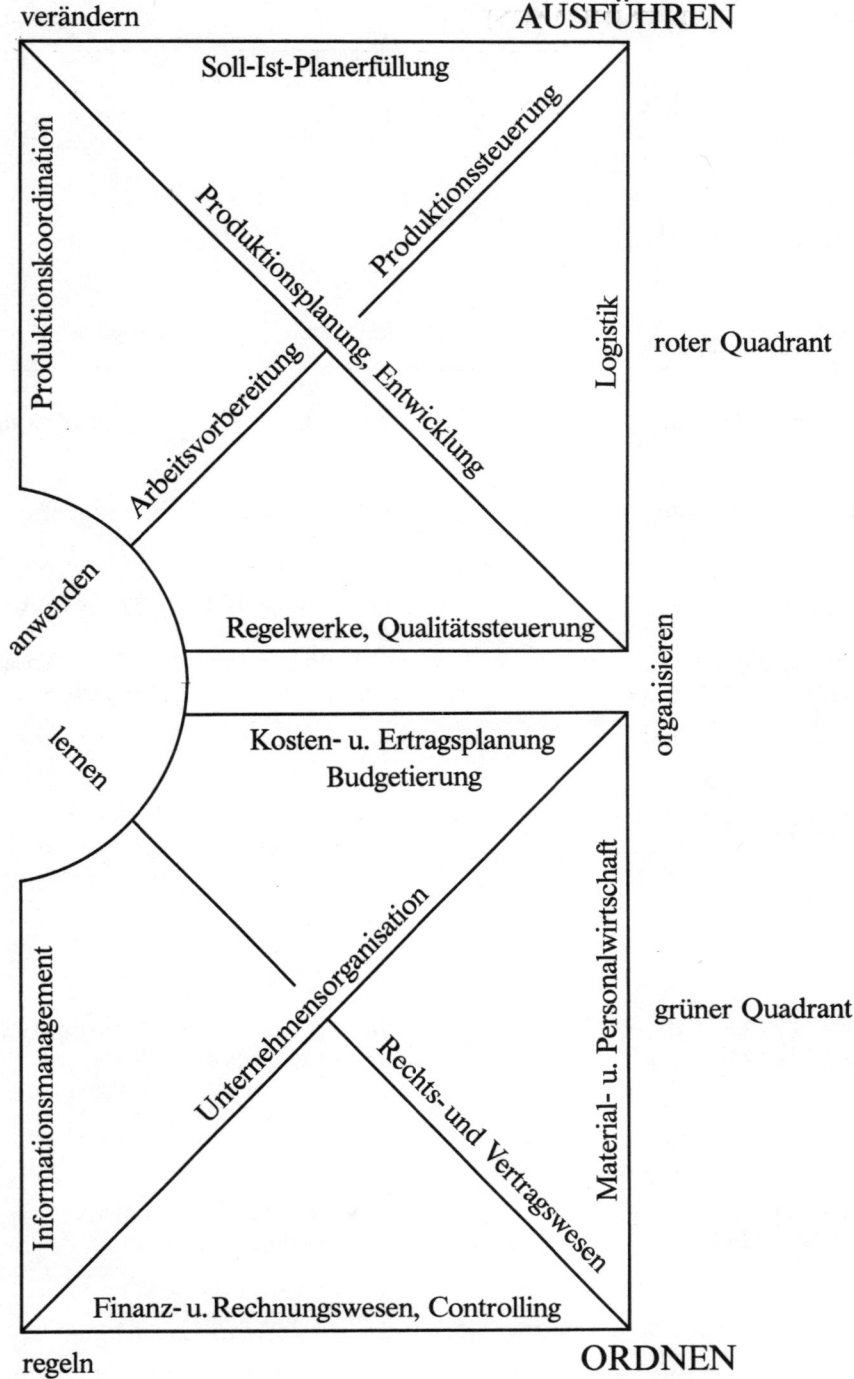

Vektorentabelle

Farbvektor	gelb-blau	rot-grün
ethische Haltung	Toleranz	Verantwortung
Motivationsvektor	will beliebt sein	will mächtig sein
Funktionsvektor	kommunizieren	organisieren
gelber Quadrant: AUFNEHMEN	Öffentlichkeitsarbeit (PR)	Verkauf/Absatz Akquisition
grüner Quadrant: ORDNEN	Informationsmanagement	Material- u. Personalwirtschaft
blauer Quadrant: VERSTEHEN	interne Kommunikation	Mitbestimmung Mitverantwortung
roter Quadrant: AUSFÜHREN	Produktionskoordination	Logistik

gelb-rot	blau-grün	gelb-grün	blau-rot
Aufgeschlossenheit	Gerechtigkeit	Aufrichtigkeit	Wohlwollen
will populär sein	will elitär sein	will prominent sein	will gesellig sein
verändern	regeln	lernen	anwenden
Marketing-Taktik, Werbung	Kundenberatung	Produktpositionierung, Analyse, Forschung	Marketing-Strategie
Kosten- und Ertragsplanung Budgetierung	Finanz- und Rechnungswesen Controlling	Rechts- und Vertragswesen	Unternehmensorganisation
Unternehmenspolitik	Personalbetreuung	Schulung und Weiterbildung	Verstehen der Unternehmensziele, Personalauslese
Soll-Ist-Planerfüllung	Regelwerke, Qualitätssteuerung	Produktionsplanung Entwicklung	Arbeitsvorbereitung, Produktionssteuerung

Sach- und Personenregister